W0205350

CULTURE POKER

© Prisma Media, 2016
Tous droits réservés pour tous pays.
www.editions-prisma.com

Éditions Prisma
Directeur : Pierre-Olivier Bonfillon
Directrice éditoriale : Françoise Kerlo
Chargée d'édition : Julie Drouet
Chefs de fabrication : Jérôme Brotons et Anne-Kathrin Fischer

Réalisation graphique : Graph'M

Édition mise à jour à partir de l'édition originale publiée sous le titre *L'Encyclopédie du Poker* en 2007 par Prat Editions.

ISBN : 978-2-8104-1908-1
Dépôt légal : octobre 2016
Imprimé par Dimograf en Pologne

FSC
www.fsc.org
MIXTE
Issu de sources responsables
FSC® C018236

CULTURE POKER

NICOLE MASSON ♦ YANN CAUDAL ♣ MAGUY LY ♥ ARNOLD VINCENT

EDITIONS PRISMA

SOMMAIRE

INTRODUCTION

Jeu de voyous ? Jeu de tricheurs ? Jeu de « paumés » ? Bien au contraire… Sorti de l'ombre des tripots pour prendre place au sein du luxe des casinos puis envahir les programmes télé et Internet, le Poker est aujourd'hui un véritable phénomène de société. Car le Poker c'est bien plus qu'un jeu de cartes, c'est tout un univers, fait de mythes, de légendes, de stratégie…

Cet ouvrage vous accompagnera dans l'histoire mythique qui a fait sa réputation ; un sulfureux mélange de glamour et d'illégalité. Retracer l'histoire du Poker, c'est notamment parcourir les deux derniers siècles de l'histoire des États-Unis : vagues de migrations, conquête de l'Ouest, naissance de villes nouvelles telles que La Nouvelle-Orléans ou Las Vegas, guerre de Sécession, Prohibition, guerre froide… Le Poker a traversé les époques pour finalement atteindre le grand public et devenir un véritable sport cérébral, comme le bridge ou les échecs, avec ses compétitions internationales.

Un phénomène de société, certes oui ! La preuve : sur grand écran, le Poker a commencé très tôt sa carrière cinématographique. *L'Arnaque*, *Casino royale*, *Le Kid de Cincinnati*, *Ocean's Eleven*… Découvrez ou redécouvrez le mythe du Poker au cinéma avec ses acteurs de légende tels que Steve McQueen, Robert Redford ou encore George Clooney.

Aujourd'hui phénomène médiatique, que serait le Poker sans ses champions et ses stars ? Doyle Brunson, Johnny Chan, Patrick Bruel… Grâce au dictionnaire des joueurs, vous suivrez de A à Z le parcours des plus grands joueurs de tous les temps !

Mais le Poker c'est aussi et avant tout se confronter aux autres. Vous rêvez de conquérir le bracelet d'or du championnat du monde ? Le chapitre consacré aux plus grands tournois mondiaux vous fera découvrir l'histoire et le palmarès des World Series of Poker, du World Poker Tour, de l'European Poker Tour… Les plus célèbres compétitions n'auront plus de secrets pour vous.

Enfin il sera temps de rentrer dans le volet technique du jeu : il permettra aux débutants d'apprendre toutes les bases du Poker (matériel, règles, tactiques, profils des joueurs, familles de Poker…) et à l'amateur de renouveler son plaisir de joueur.

Bluff, quinte flush, *surblind*, se coucher, *kicker*, *freeze out*… le monde du Poker a son propre jargon. Entre argot américain, surnoms des combinaisons de cartes et vocabulaire spécifique, immergez-vous totalement dans cet univers en vous reportant au lexique.

Entrez dans le monde fascinant du Poker grâce à ce livre de référence !

9

L'HISTOIRE DU POKER

UN PHÉNOMÈNE

P.O.K.E.R, cinq lettres qui résonnent dans la culture collective comme une espèce de formule magique induisant différentes notions telles que la psychologie, l'argent, l'appât du gain, le hasard, le bluff… Avant tout, il ne faut pas perdre de vue que le Poker est un jeu de cartes, comme tant d'autres, pourrait-on dire. Cependant, il est probablement le seul à véhiculer une image aussi marquée. Qui en effet ne connaît pas le Poker ? Dépassant les clivages des classes sociales, des générations, des sexes ou des nationalités, ce jeu est sans aucun doute l'un des plus connus dans le monde. Les pratiquants réguliers sont bien plus nombreux qu'on pourrait le penser et, parmi eux, il faut distinguer les joueurs amateurs des joueurs confirmés, voire des professionnels. Nous allons vous faire parcourir toute l'histoire de ce jeu, depuis ses origines jusqu'à ses derniers développements au XXIe siècle. Vous verrez que cette épopée se confond souvent avec celle des États-Unis, pays qui lui a donné tout son essor : le Poker fait vraiment partie de *l'American Heritage*…

UNE LONGUE HISTOIRE, DE L'EUROPE AUX ÉTATS-UNIS

Pour commencer par le commencement, nous allons donc dresser un tableau aussi précis que possible des origines et de l'histoire du Poker. Vous noterez que les certitudes ne sont pas légion, même si des éléments semblent fondés et incontestables. Passant de l'Europe au Nouveau Monde, en faisant escale sur les rives du Mississippi, le Poker va, peu à peu, gagner l'Ouest sauvage américain.

Néanmoins, la véritable « accélération » aura lieu principalement au cours du XIXe siècle, époque à laquelle le jeu connaîtra un succès et une expansion très rapides. Le jeu suivra l'évolution de la société américaine parallèlement aux grands événements du continent tels que la guerre de Sécession, par exemple. C'est également au cours de ce siècle et au siècle suivant que de grands joueurs vont commencer à se faire connaître, inscrivant leur nom dans l'histoire pour des raisons diverses et variées. Le XXe siècle laissera également son empreinte sur ce jeu, avec des événements aussi marquants que la très fameuse Prohibition, la Seconde Guerre mondiale ou bien encore la longue période de la Guerre froide. Le XXe siècle verra également l'émergence du cinéma et, comme vous le constaterez, le septième art ne sera pas épargné par le jeu de Poker qui inspirera de nombreux réalisateurs aux quatre coins du globe, et surtout aux États-Unis. Le Poker aura donc su aisément traverser les siècles et les océans, au point qu'il peut sans difficulté prétendre au titre de « jeu mythique ».

À LA CONQUÊTE DU MONDE...

En traversant les siècles, le Poker et l'image que ce jeu véhicule se sont régulièrement modifiés et adaptés aux modes et aux technologies. Ainsi, le Vidéo Poker, sorte de mélange entre le Poker et les machines à sous, est apparu dans les casinos. Ce jeu n'a naturellement rien à voir avec le jeu classique puisqu'il se pratique seul, face à une machine. Les casinos ne se contentent cependant pas de proposer ces bandits manchots car ils accueillent des compétitions particulièrement prestigieuses. Et ces tournois n'en finissent pas de rassembler des milliers de personnes, non seulement des joueurs issus des circuits de professionnels, mais également des inconnus. À n'en pas douter, ce début de XXIe siècle sera véritablement l'époque de la révélation au grand jour du Poker, considéré jusqu'alors comme un jeu obscur et réservé à des initiés, dans tous les sens du terme.

LE BOOM D'INTERNET

Mais la véritable révolution, le Poker l'a connue lors de l'explosion du réseau Internet. Nous verrons pourquoi et comment dans une partie intégralement dédiée à cette nouvelle façon de jouer. Se posent parallèlement les problèmes de légalité tant sur Internet que dans la « vraie vie ». La France est, sur ce point, très ferme et explicite : le jeu dans les lieux publics est interdit, mais autorisé dans le cadre d'un cercle privé tout en restant soumis à certaines conditions.

Par ailleurs, ce début de siècle marque plus que jamais l'ouverture d'une ère de démocratisation du jeu et, pour en témoigner, de nombreuses personnalités (ces fameux « people ») n'hésitent plus à avouer leur passion pour ce jeu. Parmi elles, le chanteur et comédien Patrick Bruel est probablement en tête de liste parmi les célébrités françaises mais on peut également citer l'animateur vedette Cyril Hanouna, le comédien Bruno Solo ou bien encore l'ex-rugbyman Sébastien Chabal.

Du même coup, le Poker commence peu à peu à sortir du ghetto dans lequel il restait cantonné depuis des décennies. Télévision, presse, édition, jeux vidéo, applications, aucun média d'aucun type ne semble aujourd'hui épargné par ce que l'on peut appeler le « phénomène Poker ». Tous les pays sont concernés ; c'est pourquoi nous vous proposerons un rapide état des lieux du Poker aux quatre coins du globe. Celles et ceux qui pensent encore que ce jeu est essentiellement attaché à la culture américaine ou occidentale constateront qu'il n'en est rien et que la fièvre a bel et bien gagné les contrées les plus éloignées de son berceau.

Aiguillonné par des médias de plus en plus prolixes, le grand public s'empare de plus en plus du jeu qui, en se démocratisant, prend inévitablement un nouveau visage. Dans le même temps, les joueurs célèbres sont de plus en plus connus, de même que les plus grandes compétitions et les plus grands tournois.

DES ORIGINES OBSCURES ET MULTIPLES

Comme c'est le cas pour un grand nombre de jeux, de cartes en particulier et de société en général, il est extrêmement difficile de définir avec certitude et précision les origines exactes du Poker. La plupart des gens considèrent qu'il s'agit d'un jeu qui serait probablement né aux États-Unis, certainement en raison de la consonance incontestablement anglo-saxonne du mot *Poker*. Cependant, même si historiquement et culturellement ce jeu est véritablement indissociable de l'histoire des États-Unis, il est certain qu'il trouve ses origines en dehors du continent nord-américain. On trouve en effet des traces de jeux pouvant être considérés comme des ancêtres possibles du Poker en Chine, en Europe et même en Perse.

LES CARTES DOMINOS EN CHINE

Certaines sources historiques rapportent que l'empereur Mu-Tsung (xe siècle) et son épouse jouaient chaque année, au Nouvel An, à un jeu que l'on pourrait appeler les Cartes Dominos. Il s'agissait, comme son nom le laisse deviner, d'un jeu à mi-chemin entre un jeu de dominos et un jeu de cartes, qui se pratiquait néanmoins avec des pièces de dominos. Le jeu aurait été inventé par l'empereur lui-même, et l'on ne sait pratiquement rien de ses règles.

LE GANJIFA EN INDE

Autre possibilité, le jeu de Poker serait plus ou moins directement hérité d'un jeu de cartes indien remontant au xvie siècle, le Ganjifa (ou Ganjaphâ). Originaires de Perse, les cartes de ce jeu avaient pour particularité essentielle d'être rondes. Naturellement, elles étaient fabriquées et peintes à la main et représentaient des personnages figuratifs sur des fonds colorés. Ces motifs utilisaient les dix avatars de Vishnu. Les règles de ce jeu ont été décrites à la fin du xixe siècle par un général britannique, Albert Houtum-Schindler, qui avait noté de nombreuses similitudes avec le Poker, notamment en ce qui concerne les combinaisons de cartes.

LE BRAGG EN ANGLETERRE

On trouve quelques traces d'un jeu anglo-saxon appelé Bragg (ou Brag) dans lequel intervenaient pour une grande part des phases de bluff. Dans ce jeu, le vocabulaire associé au Poker était déjà présent, avec des termes tels que *blind*, *flush*... Tout comme le Poker, le Brag comportait des phases de mise, des ordres de main et, plus généralement, des combinaisons de cartes.

L'AS NAS EN PERSE

Beaucoup s'accordent à penser que la Perse pourrait avoir abrité l'ancêtre du Poker, un jeu appelé As Nas. Ce jeu comprenait en effet 25 cartes, elles-mêmes décomposées en cinq suites. On ne connaît pas précisément les règles de ce jeu qui se pratiquait aux XVIIe et XVIIIe siècles, mais il semble que les cartes étaient tout d'abord distribuées à 4 joueurs, qui devaient ensuite miser, ce qui correspondait peu ou prou à une première phase d'annonce. Ensuite, chacun montrait son jeu. Apparemment, aucun tirage de cartes supplémentaires n'était envisagé, ce qui laisse penser que le principe de l'As Nas était uniquement basé sur le hasard et le bluff. Le jeu aurait émigré avec les marins perses, directement vers la Nouvelle-Orléans où les pionniers français l'auraient ensuite découvert.

PREMIÈRES MENTIONS DU POKER DANS DES LIVRES

Dans le livre *Thirty Years Passed Among Players in England and America* (« Trente années passées parmi des joueurs en Angleterre et Amérique ») écrit en 1829, Joseph Crowell fait référence à un jeu qui était pratiqué à 4 joueurs et une vingtaine de cartes. Les participants devaient parier en utilisant des combinaisons de cartes de différentes valeurs. J. Hildreth, dans son livre *Dragoon Campaigns to the Rocky Mountains* consacré à la campagne militaire d'un régiment de dragons, publié en 1836, y fait aussi allusion. Dans *An Exposure of the Arts and Miseries of Gambling* (« Essai sur l'adresse au jeu d'argent et les misères qui en découlent »), en 1843, Jonathan H. Green raconte la progression de ce jeu le long du fleuve Mississippi, où il représentait une activité de loisir fort répandue sur les bateaux du fleuve. On peut enfin évoquer un quatrième ouvrage, *Theatrical Management in the West and South for Thirty Years* (« Gestion d'un théâtre à l'Ouest et au Sud pendant trente années »), que l'auteur, Sol Smith, fit paraître en 1868.

POUR LES COLLECTIONNEURS...

On peut encore trouver chez certains marchands iraniens des cartes d'As Nas pouvant dater du XVIIIe siècle. C'est durant la Seconde Guerre mondiale que la production de ces cartes fut arrêtée définitivement. Pour la plupart, elles sont proposées à la vente à l'unité, mais il est parfois possible de tomber sur des séries complètes de cinq cartes, ce qui est plus intéressant. En effet, les cartes persanes comptent plusieurs séries différentes comprenant, chacune, cinq cartes déclinées. Chaque série est composée des figures suivantes :

- un lion ou un tigre (appelé As) ;
- un roi (Padi Shah) ;
- une reine (Bibi) ;
- une danseuse (Lakat) ou un chasseur (Couli) ;
- un soldat (Sarbaz).

Chacune de ces cartes possède une couleur d'arrière-plan déterminée, ce qui permet de la classer rapidement, en dépit du personnage qui y figure. De nombreuses thématiques sont explorées, allant même jusqu'aux audaces les plus folles, compte tenu de la culture régionale en vigueur, avec des cartes érotiques.

POQUE ET POCHSPIEL, LES ANCÊTRES LES PLUS PLAUSIBLES

Si nous avons choisi d'isoler ces deux jeux de cartes, c'est pour partie en raison de leur nom qui se trouve être très semblable à celui du Poker. Ces deux jeux du XVIIIe siècle sont respectivement originaires de France et d'Allemagne et répondent au nom de poque (le jeu français) et Pochspiel (le jeu allemand). Ils ont également en commun, outre des similitudes certaines dans leurs règles respectives, le fait de se jouer avec des mains de cinq cartes, tout comme le Bragg anglais évoqué plus haut.

LE JEU DE POQUE

Ce qui distingue le jeu de poque de nombreux autres jeux pouvant être plus ou moins considérés comme des ancêtres possibles du Poker, c'est le fait que, pour la première fois dans l'histoire des jeux de cartes, on assiste à l'intégration des quatre couleurs dans la règle : pique, carreau, cœur et trèfle. Cette apparition des couleurs, que l'on utilise dans la quasi-totalité des jeux de cartes (belote, rami, tarot, canasta, piquet, cribbage…), change véritablement la donne et ouvre la porte à la déclinaison de règles aussi nombreuses que différentes. En ce qui concerne directement le jeu de poque, on peut en rapprocher les règles de deux autres jeux, français eux aussi, la bouillotte et le brelan. Dans tous les cas, il est question de mises et de combinaisons de cartes et, bien entendu, de bluff et de mensonges. Il est bien difficile de démêler les liens – filiation ou simple variante – entre tous ces jeux.

LE POCHSPIEL

En France, il est donc question de poque tandis qu'en Allemagne, on joue au Pochspiel. Littéralement, le terme *Pochspiel* pourrait être traduit par « jeu du vantard » ou « jeu du vaniteux ». Dans ce jeu, le joueur avait deux options : passer ou bien ouvrir. Dans ce dernier cas, il devait frapper violemment sur la table de jeu en s'exclamant : « *Ich poche !* » Le jeu se pratiquait, au choix, avec un jeu de 32 ou 52 cartes et rassemblait un minimum de 3 participants.

Autre originalité de ce jeu, il comportait un plateau, un peu comme au Nain Jaune, comprenant huit compartiments ornés des éléments suivants : As, Roi, Reine, Valet, 10, Paire, Suite et Poch. Le jeu se décomposait en trois phases distinctes. La première, la mise, consistait pour les joueurs à placer, tour à tour, un pot de départ dans les huit compartiments à l'exception du Poch. Durant la seconde phase de jeu, comme au Poker, on plaçait ses mises en fonction des combinaisons que l'on pouvait former avec les cartes que l'on avait en main. Paires, brelans et suites avaient des valeurs différentes dans la hiérarchie des combinaisons. C'était également à ce moment que le bluff pouvait intervenir… Troisième et dernière phase du jeu, les joueurs posaient leurs cartes en essayant d'atteindre 31 points. En cela, la règle du jeu s'éloigne de celle du Poker et se rapproche davantage de la version moderne du jeu du cribbage, puisqu'il faut atteindre la somme de 31 points sans toutefois jamais la dépasser.

L'ORIGINE DU MOT POKER

Nous l'avons dit, l'une des premières références au mot *Poker* intervient dans les années 1830, dans un livre de Jonathan Green qui mentionne les règles d'un jeu qu'il qualifie de « jeu de tricherie ». Dans sa description, J. Green indique que le jeu se pratique essentiellement sur les fameux bateaux à vapeur qui naviguent sur le Mississippi. Ce serait donc lui, J. Green, qui aurait ainsi donné au Poker son appellation définitive.

Néanmoins, il reste incontestable que le mot *Poker* dérive étymologiquement parlant de « poque », qui désigne le jeu de cartes français du XVIIIe siècle dont nous venons de parler. Le mot *Poker* a certainement évolué au cours des siècles et l'on peut ainsi également évoquer l'expression anglaise populaire *poke* qui signifiait, à peu de choses près, « voler ». Ce terme témoigne du nombre important de tricheurs et de pickpockets qui ont pu vivre les grandes heures du jeu à travers le monde et participer, d'une façon ou d'une autre, à son succès. Il existe enfin un autre sens de *poke* qui, une fois transformé en verbe, peut signifier « exciter », « titiller », ou encore « attiser »…

UN PEU DE MAGIE…

Selon certaines sources, il existerait peut-être un lien entre la fameuse invocation magique *Hocus Pocus* et le mot *Poker*… On peut certes attester d'une similitude phonétique avec la seconde partie de l'expression, mais il reste un peu difficile de statuer avec plus de certitude que cela…

Zum ollen ehrlichen Eduard
Bötha.
Dewel

Le Poker à ses origines :
un jeu de canailles
et de fripouilles.

LES TRIPOTS EN EUROPE

Si l'on convient de prendre comme point de repère historique significatif du Poker l'émergence des jeux d'argent en Europe, il est indispensable de se pencher sur le cas des tripots de l'Ancien Régime : en quelque sorte, ils sont les prototypes et les ancêtres des casinos, dans une version beaucoup moins clinquante…

LES TRIPOTS EN FRANCE

Selon les estimations des historiens de la vie quotidienne, on suppose qu'il existait, au XVIe siècle, environ 250 jeux de paume qui assuraient la relative subsistance de plusieurs milliers de personnes. À l'époque, tout le monde jouait au jeu de paume qui, rappelons-le, n'avait rien d'un jeu de cartes mais était une sorte de mélange entre la pelote basque et le tennis actuel. La longue paume se jouait dehors, mais la courte paume se pratiquait dans les tripots, qui n'avaient pas encore mauvaise réputation, étant simplement des salles où l'on « tripe », c'est-à-dire où l'on court : elles mesuraient 30 mètres de long sur un peu plus de 9 mètres de large. Ces salles pouvaient accueillir aussi des troupes de théâtre itinérantes comme, entre autres, celle de Molière qui y donnait régulièrement des représentations. Dans le reste de l'Europe, les salles de jeu de paume avaient rapidement adopté une forme semi-circulaire (amphithéâtre) ; les théâtres français ont très longtemps conservé leur forme rectangulaire de tripot. Jusque-là, on voit mal le rapport entre ces lieux et les jeux de cartes et d'argent…

L'ARGENT ARRIVE…

Quelle relation a donc pu exister entre ces salles de sport, où se pratiquaient à l'origine le jeu de paume, et l'argent ? Tout simplement, des paris ont commencé à émerger dans certains tripots et, souvent, ils étaient truqués. Cela a largement contribué à donner aux tripots une réputation plus que discutable, réputation qui leur collera à la « paume » pour les siècles à venir…

Au XVIIe siècle, le terme tripot prend rapidement un sens très péjoratif et il désigne ensuite des maisons de jeu dans lesquelles on joue aux cartes et où l'argent circule de manière plus ou moins visible et plus ou moins légale. Ces lieux connaissent un vif succès, permettant à toutes les classes sociales de se mélanger, souvent en situation d'anonymat, en poursuivant des objectifs clairs et communs : se divertir et gagner facilement de l'argent.

UN LIEU PEU RECOMMANDABLE

Aujourd'hui, le mot « tripot » désigne de manière péjorative un établissement aux pratiques et aux mœurs douteuses. On parlera ainsi de tripot pour une arrière-salle de café, sombre et enfumée, dans laquelle se déroulent des parties de jeux d'argent illégaux. On associe également le mot tripot aux anciennes maisons closes. Le mot a cependant tendance à tomber de plus en plus en désuétude.

Étymologiquement, le mot « tripot » a donné le verbe « tripoter » qui désigne des activités liées à des jeux de mains, voire des jeux de vilains ! Tripoter signifie « manier », « manipuler », « bricoler » mais aussi « manigancer ». Il est presque toujours question d'adresse et de dextérité, mises au profit d'objectifs peu avouables. En argot, le mot « tripot » désigne tout à la fois un acte sexuel, une ruse ou bien une maison de jeu. Par opposition, non sans humour, certains désignent également ainsi un poste de police.

QUELQUES EXPRESSIONS DE « PAUMÉS »...

Le jeu de paume a engendré quelques expressions de la langue française que nous utilisons encore couramment, sans forcément savoir quelles en sont les origines précises. Voici de quoi satisfaire la curiosité des plus avides de connaissances…

« RESTER SUR LE CARREAU »

Les sols des salles de jeu de paume étaient constitués de carreaux. Lorsqu'un joueur chutait, c'était donc sur le carreau. Rester sur le carreau voulait dire généralement que l'on avait perdu la partie.

« TOMBER À PIC »

Lorsqu'une balle tombait au pied du mur du fond de la salle, elle marquait ce qu'on appelait une chasse « pic ». En réussissant ce point, à certains instants décisifs de la partie, le joueur s'assurait un avantage indéniable sur son adversaire. « Tomber à pic » signifie par conséquent marquer le bon point, au bon moment, un sens qui est resté dans l'expression actuelle.

« SAISIR LA BALLE AU BOND »

Cette expression signifie « saisir une opportunité » lorsqu'elle se présente. Elle a conservé tout son sens, au propre comme au figuré.

« QUI VA À LA CHASSE PERD SA PLACE »

Pour la plupart, nous utilisons mal cette expression. Nous sommes en effet nombreux à penser que le mot « chasse » désigne la chasse au gibier, armé d'un fusil. L'origine de cette expression est en fait tout autre. La « chasse » désigne en effet un point particulier du jeu de paume. Lorsque ce point est réalisé, les joueurs changent de côté du terrain de jeu et, du même coup, le joueur au service perd l'avantage de sa « place ». Avec le temps, le vrai sens de cette expression s'est perdu, au point de prendre un sens radicalement différent.

LES ÉMIGRANTS

Incontestablement, le Poker est, comme beaucoup de jeux de cartes et de société, lié à différents phénomènes de migration. Non seulement, comme tous les jeux, le Poker a évolué, nous venons de le voir, en subissant des transformations, mais surtout ce sont les mouvements de population des XIXe et XXe siècles qui ont véritablement permis le grand essor du jeu, notamment aux États-Unis. En effet, les premières populations européennes venues peupler l'Amérique du Nord ne sont pas seulement venues avec leurs langues, leurs coutumes, leurs religions : elles ont également apporté leurs musiques et leurs distractions préférées. On sait que dès le XVIIe et le XVIIIe siècles, il existe dans le Nouveau Monde des cabarets où l'on peut s'adonner aux jeux de hasard qui se pratiquaient en Europe. Ainsi à Ville-Marie, sur l'île de Montréal, qui est devenue un grand centre du trafic des pelleteries, des tavernes et tripots se sont ouverts : à la fin du XVIIe siècle, le plus célèbre d'entre eux est celui d'Abraham Bouat. Le billard y est beaucoup pratiqué, ainsi que, bien entendu, les jeux de cartes.

1840-1860 : LES PREMIÈRES MIGRATIONS DE MASSE

Selon toute vraisemblance, le Poker serait donc entré sur le continent américain par sa côte est, précisément *via* La Nouvelle-Orléans. Arrivé, comme nous l'avons dit, avec les marins perses, le Poker (As Nas à l'époque) aurait été très vite assimilé par les premiers pionniers français ayant émigré vers le Nouveau Continent et d'autant mieux assimilé que les mêmes migrants pratiquaient dans leurs pays d'origine le Poque ou le Pochspiel.

L'expansion du jeu est donc extrêmement parallèle à la première vague de migration qui s'est déroulée vers le continent nord-américain entre 1840 et 1860. Le pays attire à l'époque une première vague de plusieurs centaines d'immigrants. Parmi eux se trouvent à peu près toutes les nationalités, mais la plus représentée est probablement la communauté irlandaise qui, poussée par une famine aux proportions démesurées, n'a eu d'autre choix que de quitter sa terre. La guerre de Sécession n'est pas non plus étrangère au phénomène migratoire américain et l'on notera, durant cette période, qu'un grand nombre d'Allemands quitteront leur Germanie natale pour s'engager dans l'armée de l'Union. Nous reviendrons un peu plus tard sur ce chapitre de l'histoire américaine du Poker.

1860-1920 : UNE NOUVELLE VAGUE DE MIGRATIONS

À cette première vague de migrants succédera une seconde vague, bien plus imposante, puisque cette fois plus de 20 millions d'Européens traverseront l'Atlantique pour s'installer sur le Nouveau Continent.

Au cours de cette période d'une soixantaine d'années environ, les raisons de ces flux de population sont diverses et variées, mais il s'agit presque systématiquement de personnes fuyant des situations de crise plutôt que mues par des « envies d'ailleurs ». Ainsi, la communauté juive européenne fuira l'antisémitisme en plein essor et les pogroms. De nombreux Italiens fuiront quant à eux la misère du sud de leur pays. On retrouve aujourd'hui des traces très marquées de ces différents flux de population aux États-Unis.

UNE MIXITÉ DE JOUEURS

Avec un tel arrivage de populations aussi nombreuses, on peut comprendre que le Poker ait été favorisé dans son développement et son expansion. Jouer était un moyen de se rencontrer, de s'affronter, voire de s'enrichir, bien entendu. Et puis, il ne faut pas oublier qu'au XIXe siècle, les trajets entre l'Europe et l'Amérique se déroulaient en bateau et duraient de longs jours. Il fallait bien se procurer les moyens de s'occuper durant ces interminables traversées, et le Poker a trouvé là une formidable occasion de s'exprimer et de se répandre parmi les différentes populations de migrants.

D'EST EN OUEST...

Le jeu a ensuite été étroitement lié aux épopées expansionnistes de ces nouveaux colons de la côte Est s'enfonçant au plus profond de l'Ouest américain. Avec cette migration intérieure, le jeu prendra peu à peu la forme qu'on lui connaît aujourd'hui et ses règles et variantes se préciseront. Nous reviendrons un peu plus loin sur cet épisode particulier que constitue la conquête de l'Ouest dans l'histoire du Poker.

UNE VIEILLE SUPERSTITION

Comme tant d'autres objets, il semblerait que les jeux de cartes aient été également bannis des navires par superstition. Le fondement de cette interdiction tiendrait au fait que les jeux de cartes étaient à même de provoquer des bagarres. Elle serait aussi liée à un épisode de l'épopée maritime de Christophe Colomb : les cartes étaient réputées attirer une certaine malchance et favoriser les tempêtes !

On raconte que Christophe Colomb se serait vu contraint de se séparer d'un jeu de cartes au cours de sa traversée vers les Indes. Après ce geste, la mer déchaînée et les vents soufflant en violentes bourrasques se seraient calmés presque instantanément.

Cependant, à une échelle plus locale, il semble que cette superstition n'ait pas beaucoup inquiété les voyageurs qui utilisaient plus ou moins régulièrement les fameux *steamboats* (bateaux à vapeur) puisque ces derniers sont, comme nous le verrons dans la partie suivante, étroitement liés à l'histoire du Poker aux États-Unis.

Précisons qu'il existe beaucoup d'autres superstitions dans le milieu maritime liées à des objets (fer à cheval, bougies, bouchons…), à des matériaux (or, charbon…) ou bien encore au bateau lui-même. Savez-vous, par exemple, d'où vient l'interdiction d'utiliser les mots « corde » et « ficelle » à bord d'un navire ? Tout simplement au fait qu'à une époque, les mutins étaient pendus haut et court. On utilisera plutôt les mots « bout » ou « cordage » !

LES CASINOS FLOTTANTS DU MISSISSIPPI

Lorsque nous pensons aujourd'hui aux bateaux à vapeur, c'est une image assurément pittoresque qui nous vient à l'esprit. Ces très fameux *steamboats* ayant supplanté les bateaux à voile sont étroitement liés à l'histoire des États-Unis, mais aussi à celle des jeux, des casinos en général et à celle du Poker plus particulièrement. Navigant d'une berge à l'autre du large et long fleuve Mississippi, certains de ces bateaux pouvaient en effet être assimilés à de véritables casinos flottants.

LE DÉBUT DE L'AVENTURE

Les moteurs à vapeur sont arrivés à la fin du XVIIIe siècle aux États-Unis, en 1787 pour être très précis. Lorsque John Fitch présente son invention, un bateau à vapeur d'une quinzaine de mètres de long, il a pour témoins des membres de la Convention constitutionnelle aussi prestigieux que Benjamin Franklin et Thomas Jefferson. Malheureusement, même si le bateau qu'il présente se révèle mécaniquement viable, sa manœuvrabilité est très limitée et sa rentabilité s'annonce plutôt faible. Des efforts doivent être réalisés pour éliminer ces points faibles. L'architecture est alors complètement repensée de façon à ce que ces bateaux puissent embarquer un maximum de passagers dans les meilleures conditions de confort possibles. C'est alors que naît l'idée des « bateaux-casinos ».

LE PREMIER PROJET DÉMESURÉ

Fitch confie le remaniement de ses bateaux à un certain Robert Fulton. Il s'agit tout d'abord de fabriquer un bateau capable de contrer les célèbres et parfois tumultueux courants du Mississippi. Après une première tentative ratée (le bateau se retourne du fait de la lourdeur des parties supérieures), l'ingénieur naval se remet au travail et produit un second modèle, viable cette fois-ci. Avec près de 13 m de long pour environ 9 m de large, l'embarcation peut transporter environ une centaine de tonnes et une cinquantaine de passagers, et ce à une vitesse de 10 miles à l'heure (4 en cas de courants contraires). Les cabines sont très élégantes et offrent des vues inédites sur les berges du fleuve. Les femmes sont séparées des hommes, ce qui les exclut d'office des tables de jeux de cartes, surtout de Poker. Non seulement elles ne peuvent jouer elles-mêmes, mais elles ne peuvent même pas assister aux parties disputées.

LE NOUVEAU COMMERCE MARITIME

Cette fin de XVIIIe siècle et, plus encore, le début du XIXe marquent un tournant dans l'histoire du commerce américain ; les bateaux à vapeur vont connaître en effet un essor proprement gigantesque. Grâce à eux, des dizaines de villes, plus ou moins condamnées à stagner, voire à disparaître, connaissent un regain d'activité. À l'ouest des Appalaches, il n'existe pratiquement aucune route, et les fleuves et rivières permettent d'organiser des échanges nouveaux et réguliers avec les régions isolées. Les biens et marchandises circulent ainsi plus facilement et surtout beaucoup plus rapidement qu'auparavant. Les personnes peuvent également se déplacer à une autre échelle, de même que le courrier, les livres, les journaux mais également les jeux de cartes. À partir de 1814, les bateaux à vapeur tracent des sortes d'autoroutes fluviales. En 1815, la mort de Robert Fulton est considérée comme un deuil national. En 1830, pas moins de 1 200 navires sont en circulation entre le Minnesota et l'océan, ouvrant la route vers les Caraïbes et les ports du monde entier.

LE PREMIER « LAS VEGAS »

Compte tenu du nombre de passagers qui débarquent tous les jours, la ville de La Nouvelle-Orléans doit trouver des moyens de les occuper et de profiter de cet achalandage unique et inédit. En 1820, on ne compte pas moins de 400 établissements de jeu. La plupart d'entre eux sont des saloons dont beaucoup sont regroupés dans le quartier du Marais (The Swamp). La population locale arrive à un total d'environ 20 000 personnes qui consomment sans retenue les loisirs proposés par les différentes infrastructures. À elle seule, cette population aurait généré un chiffre d'affaires supérieur à celui du reste de la population du pays tout entier ! Et encore, ces estimations n'englobent pas les chiffres du jeu clandestin ou privé…

UNE FLOTTE DE CASINOS

Après La Nouvelle-Orléans, les villes de Natchez et de Saint-Louis permettent d'étendre le nombre de casinos flottants qui se partagent le fleuve. Les bateaux offraient, pour la plupart, des prestations de grand luxe. L'un des fleurons de cette flotte était le George Washington, un bâtiment à double pont lancé en 1825. Un tel bateau coûtait environ 200 000 $ de l'époque et regorgeait de matériaux et mobiliers rares et précieux. Parmi les jeux pratiqués, le Poker figurait en bonne place, enfin le Poque pour être très précis.

En passant de La Nouvelle-Orléans à l'intérieur des terres, le jeu de Poker évolue peu à peu vers celui que l'on connaît aujourd'hui, utilisant non plus 20 ou 25 cartes, mais 52. On peut considérer que c'est au milieu du XIXe siècle que le jeu prend sa vitesse de croisière et que ses règles se précisent de plus en plus.

Le Poker :
un loisir masculin.

LE POKER À LA CONQUÊTE DE L'OUEST

L'histoire du Poker et toute la légende qu'il véhicule dans le monde entier sont étroitement associées à la conquête de l'Ouest américain. Ce fameux Far West a été maintes fois utilisé comme décor et contexte pour de nombreux films de cinéma, romans, bandes dessinées... Un Far West qui en a fait rêver plus d'un et représentait pour de nombreux colons un Eldorado sur mesure, voire sur démesure...

À L'OUEST, DU NOUVEAU ?

Le Far West se situe à l'extrême ouest des États-Unis, pas étonnant puisque l'expression *far west* signifie tout simplement : ouest lointain. Il s'agit de la portion de l'Amérique du Nord qui abrite, entre autres lieux touristiques et typiques, les fameuses Montagnes Rocheuses et le non moins célèbre Grand Canyon. Avant l'arrivée des premiers colons européens, la région était très faiblement peuplée, mais la conquête de l'Ouest a incontestablement changé cet état de fait, essentiellement au cours du XIXe siècle. À travers cette conquête, ce sont les modes de vie qui vont changer, parfois très radicalement. Les villes pousseront comme des champignons avec, pour points de repère, les fameux saloons et leur atmosphère unique...

LIEUX PRIVILÉGIÉS

À n'en pas douter, le jeu du Poker n'a pas attendu la naissance des premiers saloons pour exister. Ce lieu de divertissement était pourtant l'un des plus en vue pour ceux qui souhaitaient partager une partie de cartes. On ne compte plus les films et les romans qui présentent des scènes de parties de Poker. Très souvent sont associées à ces parties des

LAS VEGAS

S'il est une ville qu'aucun amateur de Poker ne peut éviter, tant à cause de son histoire que pour sa démesure, c'est incontestablement Las Vegas. Sortie de nulle part en 1855, en plein dért du Nevada, cette ville est devenue au cours du XXe siècle la plaque tournante des casinos, des jeux d'argent et des tournois de Poker.

atmosphères de tension, de malaise, voire même de tricherie. L'alcool pouvait également faire partie intégrante des parties de cartes même si, pour se révéler un bon joueur, il valait (et vaut toujours !) mieux conserver l'esprit affûté et les idées claires.

L'OR ET L'ARGENT

La fabuleuse épopée de la ruée vers l'or qui s'est déroulée dans le Grand Ouest américain au milieu du XIXe siècle doit également être rapprochée du développement fulgurant du Poker aux États-Unis. Cet épisode a débuté en 1848, juste après la découverte de pépites dans la région de Sutter's Mill, en Californie. L'afflux de chercheurs d'or fut si intense et si rapide qu'il provoqua une énorme augmentation de la population. Il fut donc impératif de trouver de quoi divertir ces aventuriers lorsqu'ils n'étaient pas en train de s'affairer autour de leurs tamis. Cette nouvelle frange de la société, jeune et pour ainsi dire exclusivement masculine, pratiquait, en guise de distraction, le Poker et quelques autres jeux d'argent (de cartes et/ou de hasard). Tout comme l'or des mines, le Poker et les jeux d'argent associés faisaient le bonheur des uns et le malheur de certains autres.

LE FAR WEST AUJOURD'HUI

Pour un très grand nombre de personnes dans le monde, le Far West représente toujours le symbole du rêve américain. Moins sauvage et mystérieux qu'aux XVIIIe et XIXe siècles, c'est devenu l'une des premières destinations touristiques américaines qui attire toujours plus de voyageurs. Il est incontestable que Las Vegas, la ville lumière, reste l'un des points de passage obligé de l'Ouest américain, que l'on soit joueur de Poker ou pas…

D'UN POINT DE VUE GÉOGRAPHIQUE

Peu de gens savent à quoi correspond précisément le Far West au plan géographique. Ce qui est sûr, c'est que la région est vaste puisqu'elle regroupe au départ treize États (Alaska, Arizona, Californie, Colorado, Hawaï, Idaho, Montana, Nouveau-Mexique, Nevada, Oregon, Utah, État de Washington, Wyoming). Mais pour beaucoup, le Far West désigne indistinctement tous les États situés à l'ouest du fleuve Mississippi. Hautes montagnes, prairies, canyons aux cours d'eau tumultueux, sans oublier les vastes étendues désertiques : l'immensité du Far West n'a d'égale que la diversité de ses paysages popularisés dans les westerns.

LES WESTERNS

Les westerns représentent une catégorie de films d'action et d'aventure qui doivent leur nom au simple fait qu'ils se déroulaient dans l'Ouest américain. Ils ont connu leur apogée durant les années 1950-1960 (dans les films de John Ford avec John Wayne, acteur légendaire des westerns). Les westerns présentaient de manière récurrente des cow-boys et des Indiens s'affrontant de manière parfois très sauvage. La plupart du temps, c'étaient les "blancs" qui l'emportaient...

LES SALOONS, TEMPLES DU POKER

On trouve dans la littérature et dans les films un très grand nombre d'histoires qui nourrissent le fameux cliché des cow-boys en train de jouer au Poker autour d'une table de saloon et prêts à dégainer à la moindre occasion ou suspicion de tricherie. L'image peut paraître un peu exagérée et pourtant, il ne fait pas l'ombre d'un doute que les saloons, ces fameuses tavernes du temps de la conquête de l'Ouest américain, étaient un lieu de rendez-vous privilégié pour de nombreux joueurs de Poker.

UNE CROISSANCE EXPONENTIELLE

Alors que la conquête de l'Ouest bat son plein, accélérée par le développement du réseau ferroviaire américain, les villes, qui poussent plus vite que des champignons, se voient toutes dotées d'un saloon. Sortes de tavernes où l'on sert à manger mais surtout à boire, ces endroits tiennent lieu de point de rassemblement ou de rendez-vous pour beaucoup d'aventuriers du Grand Ouest. Alors que des villes telles que Santa Fe ou New Mexico possèdent déjà des cantines mexicaines, les premiers saloons rencontrent un succès tel qu'il s'en installe par centaines, pour ne pas dire par milliers, et ce dès le début du XIXe siècle. Il arrive même parfois que certains établissements soient édifiés avant qu'une ville ne soit fondée ! Un bon emplacement pour un saloon, c'était par exemple le croisement de deux routes fréquentées ou bien un point d'arrêt du train. Il était fréquent qu'une ville ne compte pas un mais plusieurs saloons. Par exemple, en 1933, la ville de Livingston (Montana) comptait environ 3 000 habitants et possédait plus d'une trentaine de saloons !

LE PREMIER SALOON

Le premier bar ayant porté le nom de « saloon » fut le Brown's Hole, proche des frontières entre le Colorado, le Wyoming et l'Utah. Fondé en 1822, ce saloon constitua un point de repère très à la mode et très fréquenté des trappeurs, à un moment où le commerce de la fourrure constituait une activité rentable et légale. Les premiers saloons n'avaient cependant vraisemblablement pas grand-chose à voir avec l'image de ceux que l'on peut avoir au travers de la littérature ou du cinéma. Au tout début, les saloons pouvaient en effet être réduits à quelques tentes plantées à même le sol.

QUI VA AU SALOON ?

Les saloons sont essentiellement fréquentés par des hommes et, lorsque des femmes s'y trouvent, c'est en général pour vendre leurs charmes. On y rencontrait d'une part les habitués et d'autre part les voyageurs de passage cherchant un lieu où se restaurer et faire reposer leur monture, pour ceux qui voyageaient à cheval. C'était aussi dans les saloons que les cow-boys se retrouvaient pour négocier leur bétail : une espèce de café du commerce en quelque sorte !
Parmi les occupations habituelles d'un client régulier de saloon, on trouvait également le jeu, avec le Poker en tête de liste. On ne jouait cependant pas qu'au Poker dans les saloons, et les jeux de dés rencontraient également un grand succès auprès de la clientèle. Tous les établissements comptaient en effet au moins une table de Poker, autour de laquelle pouvaient s'asseoir des prospecteurs d'or, des hommes de loi, des travailleurs du rail, des soldats ou bien encore de simples cow-boys. Il pouvait également arriver que des hors-la-loi viennent tenter leur chance…

UNE IMAGE D'ÉPINAL TRÈS TENACE

Lorsque l'on pense aux saloons, on imagine aussitôt leurs fameuses portes doubles à battant. L'avantage de ces portes, plus décoratives que vraiment efficaces contre le vent ou toute autre intempérie, était de s'ouvrir dans les deux sens et de se refermer toutes seules, grâce à un système de ressorts.
Mais cette image n'est pas la seule qui soit associée aux saloons. En effet, si l'on se réfère aux westerns et aux romans traitant de cette époque, on ne pouvait pas y boire grand-chose d'autre que du whisky. À l'époque, le breuvage était un mélange d'alcool pur, de sucre brun et de tabac. Pourtant, d'autres boissons étaient également servies, comme le fameux *cactus wine* (vin de cactus). Cette boisson à base de tequila pouvait être coupée à l'ammoniaque, au poivre de Cayenne ou bien même à la poudre à canon !
Enfin, les saloons servaient aussi des quantités de bière, mais les équipements de l'époque ne permettaient pas de la servir fraîche. Il fallait donc se contenter d'une bière à 25 ou 30° ! Commander une boisson originale ou exotique dans un saloon pouvait être source de ridicule, à moins d'être une figure connue du lieu ou de la ville.

DES SALOONS SPÉCIALISÉS

De même qu'aucune ville ne ressemblait complètement à une autre, il existait plusieurs types de saloons. Ainsi, on trouvait des saloons où le jeu était privilégié, des saloons pour jouer au billard, d'autres pour manger, d'autres encore « juste pour boire »… Seul point commun entre tous ces établissements, ils restaient ouverts 24 heures sur 24. C'est probablement pour cette raison qu'ils n'avaient pas vraiment besoin d'une porte qui ferme à clef…

Boire, fumer et jouer au Poker.

POKER ET GUERRE DE SÉCESSION

Parmi les événements marquants dans l'évolution du Poker, il est impossible de ne pas signaler la guerre de Sécession, moment crucial de l'histoire des États-Unis. En effet, plus ils avançaient dans les territoires du Sud, plus les soldats du Nord découvraient ce jeu, jusqu'alors pour eux, inconnu.

UN PEU D'HISTOIRE...

Quelle constitution adopter ? Et quel modèle économique ? L'un privilégiant le marché intérieur et l'égalitarisme (et donc l'abolition de l'esclavage) ? L'autre les relations commerciales avec la vieille Europe où était exporté l'essentiel des matières premières textiles produites par les esclaves des plantations ? C'est parce qu'ils s'opposaient sur ces deux points cruciaux que les États du Nord et ceux du Sud finirent par se déclarer la guerre en 1861.

DES FORCES INÉGALES

Alors que l'armée des États confédérés du Sud compte environ 1 million d'hommes, celle des États du Nord en compte 2,2 millions, soit plus du double. Voilà ce qui entraîne la suprématie du Nord sur le Sud lors des premières batailles, d'où une conséquence plus tragique. En effet, conscients du surnombre de leurs troupes, les généraux nordistes n'hésitèrent pas à envoyer leurs hommes au front, sans toujours intervenir pour limiter les pertes.

A contrario, les généraux sudistes firent toujours en sorte de limiter les pertes humaines. En 1863 a lieu la bataille de Gettysburg : cet affrontement sera le plus sanglant et le plus dévastateur qu'aient jamais connu les États-Unis sur leur sol. Au bout de trois longs jours de combats, le Sud est vaincu. Il faudra cependant encore deux années de conflit avant que les forces du Nord ne l'emportent définitivement. Le conflit prendra fin officiellement en avril 1865.

UN BILAN TRÈS LOURD !

Avec près de 4 millions d'hommes mobilisés dans les combats (toutes armées confondues), la guerre de Sécession aura fait 360 000 morts chez les Nordistes contre « seulement » 260 000 chez les Sudistes. À ces pertes militaires, survenues lors des combats mais aussi lors d'épidémies, viennent s'ajouter les pertes civiles, estimées à plusieurs centaines de milliers. Il s'agit là des plus grandes pertes humaines pour les États-Unis à ce jour, y compris au regard de celles de la Seconde Guerre mondiale. Malgré ce traumatisme, la guerre de Sécession permit aux États-Unis non seulement d'abolir l'esclavage, mais de s'affirmer comme une nation à part entière.

ET LE POKER DANS TOUT CELA ?

Il est évident que l'on ne part généralement pas au combat la fleur au fusil et que les jeux, de cartes ou autres, ne semblent pas constituer une priorité pour les belligérants. Pourtant, il semble que dans les deux camps, un grand nombre de soldats jouaient au Poker, sous différentes formes. Il faut dire que les soldats sudistes avaient dans ce domaine une certaine expérience, puisque c'est dans certains de leurs États que le Poker est apparu sur le continent nord-américain. Les Nordistes, quant à eux, ne connaissaient pas forcément le jeu et il y a fort à parier que c'est en progressant peu à peu dans les États du Sud qu'ils en auront appris l'existence et découvert les règles.

À CHACUN SON POKER

C'est précisément pendant cette période fort troublée de la guerre de Sécession américaine que les règles du Poker ont évolué et que certaines variantes ont fait leur apparition. C'est par exemple à cette époque que sont définies les formes de base du Poker fermé, le fameux Draw. La combinaison de la « suite » est prise en compte vers 1865 alors que celle de la « couleur » n'était apparue que quelques années plus tôt. Cinq ans plus tard, la variante du Stud est définie comme un jeu se pratiquant avec cinq cartes, ce qui allait marquer la véritable naissance du Poker sous sa forme moderne. Bien d'autres variantes émergeront par la suite. De plus en plus pratiqué dans les deux camps, le Poker devient de plus en plus populaire, de manière assez paradoxale, durant ces années de guerre impitoyable.

POKER, UN JEU FAMILIAL ?

Plus encore que durant les années du conflit armé, c'est vraisemblablement lors du retour des soldats dans leurs familles respectives que le Poker devient à proprement parler un jeu « familial ». Il passe ainsi du statut de « jeu d'aventurier » ou de « marchand » à un jeu résolument tourné vers le grand public. Au lieu de jouer avec de l'argent, on mise des lentilles, des fèves ou des haricots, ce qui enlève peut-être un peu du charme et de la tension au jeu mais permet à tout un chacun de s'y adonner, sans risque.

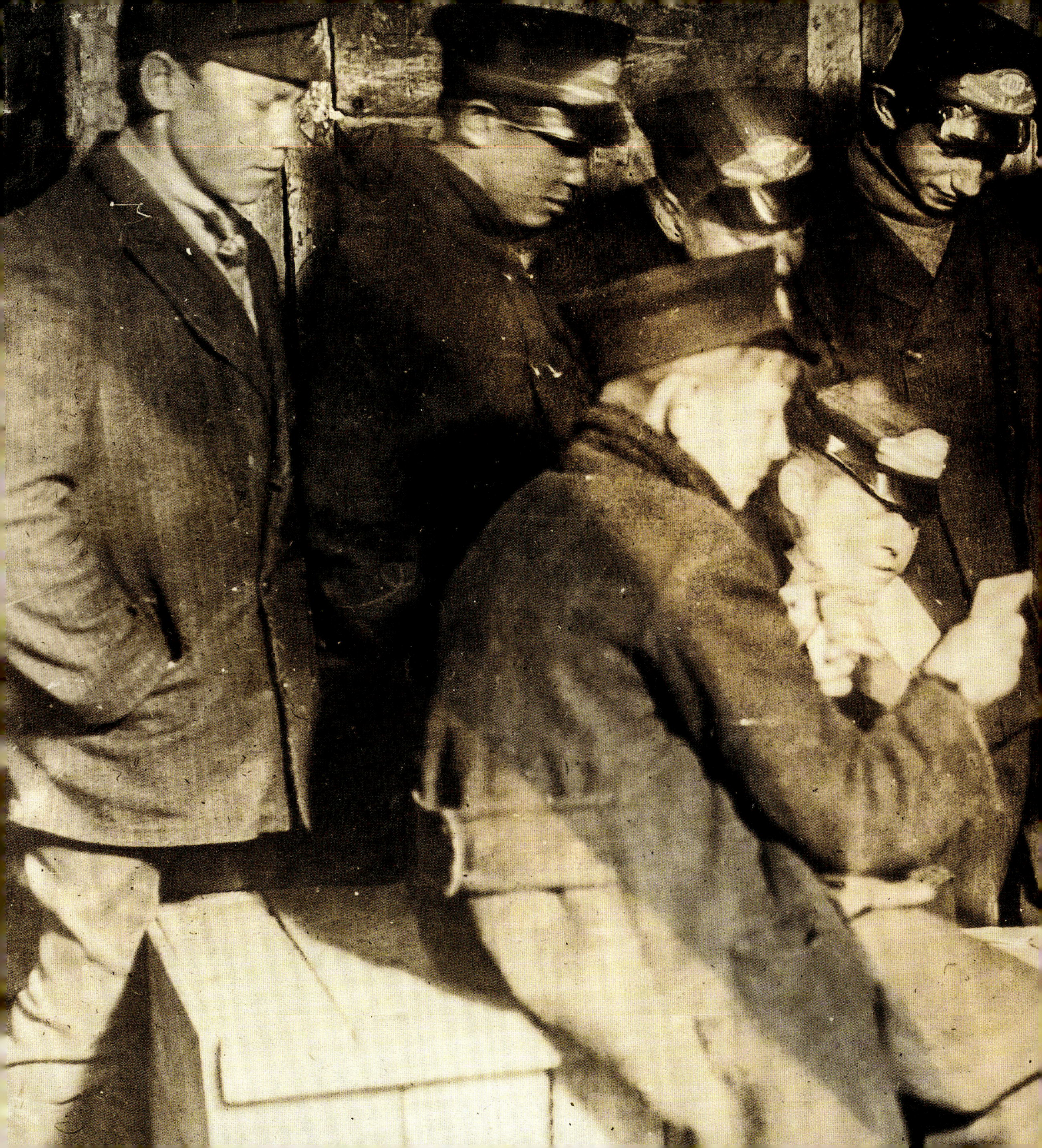

À la guerre comme au Poker.

L'APPARITION DE LA COULEUR, DE LA QUINTE ET DU STUD

Nous vous l'avons dit, le Poker est un jeu qui a beaucoup évolué avec le temps. Des règles de base au nombre de cartes utilisées en passant par les variantes, le jeu a su s'adapter aux joueurs qui le pratiquaient. C'est ainsi par exemple qu'en 1840 environ, la couleur fait son apparition dans les différentes combinaisons de cartes possibles.

ANNONCEZ LA COULEUR...

La couleur, *flush* en anglais, est une combinaison qui se compose de cinq cartes de couleur identique. Ces cartes n'ont pas à se suivre car, dans ce cas, nous serions en présence d'une suite à la couleur, c'est-à-dire cinq cartes qui se suivent et portent toutes la même couleur (*quinte flush* en anglais). Cette combinaison est apparue dans le jeu du Poker en 1840, au moment où précisément le jeu s'est démocratisé et est devenu un jeu familial. Il faut dire qu'il n'est pas très complexe de constater que l'on a une couleur dans sa main.

LA LOI DU PLUS FORT

Lorsque deux joueurs possèdent chacun une couleur, il reste à déterminer laquelle est la plus forte. Pour cela, il suffit de regarder quelle est la carte la plus haute pour chacune des couleurs. Le joueur qui possède la carte la plus haute remporte la manche. Il se peut néanmoins qu'une égalité survienne si, de part et d'autre, la carte la plus forte est la même. Dans ce cas, il suffit de regarder quelle est la carte suivante et lequel des joueurs concernés détient la plus forte, et ainsi de suite.

UNE COMBINAISON FACILE ?

Une série de cinq cartes de couleur identique est certainement moins « difficile » à obtenir qu'un carré d'As. Cependant, elle est jugée plus difficile à obtenir qu'une quinte en se situant, dans la hiérarchie des combinaisons, entre celle-ci et le full. En ce qui concerne les probabilités de victoire face aux mains des autres joueurs, elles sont environ de 90 % avec un jeu de 52 cartes.

QUAND LA QUINTE EST LÀ !

La quinte est une combinaison qui fait aussi son apparition au milieu du XIXe siècle. Il s'agit toujours d'une main de cinq cartes, mais qui, cette fois, se suivent directement. Dans une quinte dite « normale », les cartes ne sont pas de la même couleur. En cas d'égalité entre deux quintes, c'est celle dont la carte la plus haute est la plus forte qui l'emporte. Si la quinte qui part de l'As et va jusqu'au 5 (As, 2, 3, 4 et 5) est acceptée dans la règle, il s'agit de la quinte la plus faible de toutes les quintes envisageables. Signalons à ce propos que l'As peut être utilisé pour terminer ou commencer une quinte. Il prend alors tour à tour le rôle de la carte la plus forte ou de la carte la plus faible. La quinte la plus faible réalisable (As, 2, 3, 4, 5) est également appelée quinte blanche. La quinte la plus forte est appelée quinte à l'As. Il est néanmoins important de préciser que tous les joueurs ne considèrent pas ce « double sens » possible de l'As, et certains ne reconnaissent que sa valeur supérieure au roi. Il est donc primordial de s'entendre avec tous les participants avant même de commencer la partie !

LA SUPER QUINTE

Si dans votre main, vos cinq cartes se suivent et sont toutes de la même couleur, la combinaison que vous possédez s'appelle une quinte flush (ou *straight flush*). C'est la combinaison la plus forte au Poker, en cela qu'elle ne peut pas être surpassée, si ce n'est par une autre quinte flush dont la carte la plus haute serait plus élevée. On appelle la quinte flush qui monte jusqu'à l'As (10, Valet, Dame, Roi, As) une quinte royale ou bien encore une quinte impériale. Elle est naturellement très difficile à former puisque statistiquement, vous avez 6 chances sur 100 000 de l'obtenir en jouant avec un jeu de 52 cartes (contre 3 chances sur 10 000 avec un jeu de 32 cartes). Dernière particularité de la quinte flush : si elle est directement servie à la première donne, elle ne peut être améliorée ; prendre le risque par exemple de se défaire de sa carte la plus faible pour espérer recevoir une carte plus haute, toujours à la couleur, est un risque plus qu'insensé. Suivant les mêmes conditions que la quinte standard, une quinte flush peut être dite « blanche » si elle démarre avec la carte la plus faible du jeu.

LE STUD POKER

Le Stud Poker est une variante qui a été inventée à la même époque, au milieu des années 1860. Il est à noter qu'il existe deux types de Stud Poker, l'un à cinq cartes et l'autre à sept cartes. Le premier porte également le nom de 5-Card Stud ou de Kid, en hommage au Kid de Cincinnati, joueur brillant qui disputa une légendaire partie de Poker à La Nouvelle-Orléans.

On pense également que le jeu aurait été mis au point par des cow-boys de l'Ohio, de l'Indiana et de l'Illinois. La première mention du 5-Card Stud intervient dans l'ouvrage *The American Hoyle*, dans son édition de 1864. Le jeu est alors considéré comme une variante « officielle » du Poker. Le Stud à sept cartes (ou 7-Card Stud) aurait, quant à lui, été introduit au cours des premières décennies du XXe siècle, mais ses origines restent floues.

L'APPARITION DU JACKPOT AU DRAW ET L'INVENTION DU JOKER

Nous connaissons tous le terme « jackpot » dans son sens le plus habituel. Ce mot a même donné lieu à des expressions utilisées dans le langage courant. Ce mot n'a cependant pas été choisi par hasard et se trouve être intimement lié à l'évolution du Poker, dans la seconde moitié du XIXe siècle.

UNE CONDITION DE MISE

Le jackpot pourrait, sémantiquement parlant, correspondre à un « pot de Valets ». C'est en 1870 que ce point de règle du jeu fait son apparition dans le Poker. Il s'agit alors de fixer une espèce de condition minimale de jeu pour pouvoir prétendre à la mise. Ainsi, avant de mettre la moindre somme sur le tapis pour ouvrir une mise, il était obligatoire que l'un des joueurs possède au moins une paire de Valets (ou mieux) dans son jeu. Cela permettait en quelque sorte d'éviter de faire des tours de jeu avec des mains trop faibles. Une autre condition vint ensuite s'ajouter. Si un tour de jeu avait été passé parce que personne ne possédait au moins une paire de Valets, la condition se durcissait au tour suivant et il fallait alors que l'un des joueurs possède au moins une paire de dames, et ainsi de suite.

UNE BONNE AFFAIRE OU PAS ?

Le système du jackpot se pratiquait avec la règle du Draw Poker. Cela avait donc tendance à augmenter la qualité des manches et le montant des mises engagées. Le jackpot augmentait également le risque de voir des joueurs bluffer avec des mains assez basses,

DU SENS PLUS COMMUN DU JACKPOT

Aujourd'hui, le mot jackpot est davantage associé aux machines à sous qu'au Poker. En effet, on ne compte plus les expressions utilisant ce mot afin d'exprimer une grande chance au jeu. Tirer le jackpot, décrocher le jackpot, obtenir ou recevoir le jackpot, autant d'expressions qui sont utilisées lorsqu'un joueur de machines à sous réussit à faire tomber des pièces en cascade. Du coup, un sens dérivé mais voisin a fait son apparition et étendu le champ d'utilisation de ces expressions. On dit ainsi couramment de quelqu'un qu'il a tiré le jackpot lorsque, par exemple, il a réalisé une bonne affaire, voire même un mariage heureux. La notion de hasard, même si elle est un peu moins perceptible, reste cependant présente.

car cela ne garantissait pas autre chose que la présence d'une paire de Valets (ou mieux) chez un des joueurs. Rien de plus. C'était en effet plus long et plus difficile de convaincre un joueur ayant une main heureuse (même moyenne) d'abandonner le jeu.

LE JOKER, UNE CARTE EFFICACE

Le Joker est une carte qui a été inventée en 1870, comme on le suppose, spécifiquement pour le jeu du Poker. C'est pour cette raison que les deux mots seraient formellement si proches l'un de l'autre.

Dans la plupart des jeux de cartes, il existe une carte un peu « à part » : le Joker. Dotée d'une capacité de substitution hors du commun, elle peut remplacer n'importe quelle carte et prendre sa valeur.

Dans un jeu de cartes classique, on trouve d'un coté les cartes affichant des valeurs numériques (de 1 à 10 ou de 7 à 10) et de l'autre, les figures (Valet, Dame, Roi). Parallèlement à ces deux « camps », il existe des cartes d'un autre genre qui sont généralement au nombre de deux, les fameux Jokers. La particularité des deux cartes Jokers est qu'elles sont, l'une et l'autre, absolument identiques, aussi bien sur le plan graphique qu'en termes de valeur dans le jeu. À ce sujet, le rôle d'un Joker est de remplacer purement et simplement n'importe quelle autre carte, ce qui le rend plus ou moins puissant. Au Poker, on voit bien à quoi peut servir un Joker, tout simplement à constituer ou améliorer ses combinaisons de cartes. Cela dit, une quinte réalisée sans Joker (on la dira « pure ») l'emportera toujours sur une quinte utilisant un ou deux Jokers.

JOUER SON JOKER

Dans le langage de tous les jours, certaines expressions utilisent le mot joker. Ainsi, répondre simplement « joker » lorsque quelqu'un nous pose une question exprime le fait que l'on ne souhaite pas répondre. S'il s'agit d'une question fermée (réponse = oui ou non), l'interlocuteur peut cependant se faire une idée de la réponse car déclarer que l'on ne souhaite pas répondre, c'est déjà, en soi, une réponse. L'expression « jouer son Joker », signifie à peu de choses près « jouer le tout pour le tout » ou bien risquer une option particulière que l'on se trouve être seul à posséder. L'élément commun est une sorte de prise de risque, un engagement spécial, ou bien encore une espèce d'alternative permettant de jouer un peu en dehors des règles établies.

LAS VEGAS, NEVADA

Impossible de dresser un portrait historique du Poker sans parler de la fameuse ville de Las Vegas. Rendez-vous incontournable du jeu de hasard (et d'argent), la ville de Las Vegas est aujourd'hui réputée pour le luxe de ses casinos. Son histoire est pourtant relativement récente et très emblématique du fameux rêve américain. Devenue centre d'attraction et lieu touristique international, Las Vegas est sans nul doute la capitale mondiale du jeu en général et du Poker en particulier…

UNE HISTOIRE DE FAR WEST

Découvertes en 1830 par des Mexicains, les prairies et la source de Las Vegas ne représentent à l'époque guère plus qu'une étape agréable entre le Nouveau-Mexique et la Californie. La ville elle-même est fondée par les Mormons en 1855.
Dans la seconde moitié du XIXe siècle, des mines de plomb et d'argent commencent à être exploitées, puis viendra le temps des pâturages et des exploitations agricoles, essentiellement basées sur l'élevage. Au début du XXe siècle, Las Vegas est nouvellement desservie par la ligne de chemin de fer San Pedro-Los Angeles-Salt Lake City. Posé là, au beau milieu du désert, l'endroit n'est toujours rien d'autre qu'une halte désaltérante avant de reprendre la route.
La compagnie ferroviaire qui exploite la ligne rachète les pâturages et, en 1911, elle crée un atelier de réparation et d'entretien sur place. Cela donne lieu à une augmentation importante de la population (3 000 habitants environ), qui se traduit très vite par des problèmes de ravitaillement, surtout en eau. Ce n'est qu'en 1935, avec l'achèvement de la construction sur le fleuve Colorado du gigantesque barrage Hoover, que ces questions pourront être réglées et que cette région désertique connaîtra un véritable essor économique.

LES PREMIERS CASINOS

En 1940, la ville de Las Vegas compte environ 9 000 habitants et, bien que le Nevada ait autorisé la pratique des jeux de hasard et d'argent depuis une dizaine d'années déjà, ceux-ci se pratiquent toujours de manière assez discrète, un peu comme à l'époque où ils étaient purement et simplement interdits. On joue alors essentiellement au Poker et à quelques autres jeux de cartes et de dés.
C'est en 1941 que la première chaîne hôtelière crée un établissement à l'entrée de la ville, sur la route de Los Angeles. Le lieu s'appelle El Rancho et attire de nombreux voyageurs, principalement grâce à sa grande piscine. Il possède également une

salle de jeu et, même s'il ne génère pas des revenus très élevés, il représente le premier casino de la ville. El Rancho brûlera complètement en 1960, après avoir vu passer toutes les vedettes du cinéma et du music-hall de l'époque.
Le premier grand complexe hôtel-casino misant réellement sur le luxe et la démesure est le Flamingo, construit en 1946 par Benjamin « Bugsy » Siegel. Doté d'une centaine de chambres (seulement...), il démarre réellement après l'assassinat de son fondateur. Il faut dire que celui-ci était largement suspecté de détourner régulièrement une partie des recettes. Parallèlement, les hôtels deviennent petit à petit des lieux de spectacle.

CASINOS ET CRIME ORGANISÉ

Le « milieu » et le banditisme ont immédiatement saisi que les salles de jeu permettaient de blanchir très facilement de l'argent sale. La plupart des grands établissements de jeu que l'on connaît aujourd'hui ont été construits dans les années 1950-1960 (Aladdin, Caesar's Palace, Stardust, Riviera, Desert Inn, Tropicana...). Cette prolifération des casinos va donc de pair avec une installation des mafieux à leurs commandes.
Les politiciens, poussés par la population, souhaitent mettre un peu d'ordre dans tout cela et rétablir un certain ordre moral. La vente d'alcool se voit donc réglementée, les licences de jeu sont plus difficiles à obtenir, les permis de construire ne sont plus accordés aussi facilement qu'auparavant. Par ailleurs, l'incendie d'El Rancho fait peur et entraîne la mise en place de mesures de lutte et de protection contre le feu beaucoup plus draconiennes. Cette relation très étroite entre la pègre et les casinos de Las Vegas durera environ jusqu'à la fin des années 1980.

TOUJOURS PLUS...

Durant les décennies qui suivent, de nouveaux établissements ne cessent de voir le jour. Bonanza en 1967, Riata en 1973, Imperial Palace en 1979, Excalibur en 1990, Luxor ou bien encore Treasure Island en 1993 rivalisent de luxe et de grandeur. En 1989, un cap est franchi avec le Mirage et ses 3 000 chambres. En 1999, le Paris Las Vegas reproduit une tour Eiffel pour fasciner encore plus de touristes. C'est aussi l'année d'ouverture du Venetian. Cet hôtel-casino, avec l'édification en 2008 d'une extension géante, Le Palazzo, est devenu le plus grand hôtel au monde avec plus de 7 000 chambres, un réseau de canaux sur lequel on peut se promener en gondoles et la réplique du campanile de Venise ! Le développement de Las Vegas devrait se poursuivre dans ce sens et, même si Internet favorise de plus en plus une autre façon de jouer, la ville lumière reste un lieu parfaitement mythique et légendaire qu'il faut avoir vu au moins une fois dans sa vie.

El Rancho, le premier casino de Las Vegas, ouvre ses portes en 1941.

RANCHO VEGAS
"America's Finest"
GAS, NEVADA
El RANCHO VEGAS
El RANCHO VEGAS
FOODS

1931 : LA LÉGALISATION DU POKER

On ne le sait pas forcément, mais le Poker n'a pas toujours été considéré comme un jeu légal aux États-Unis. En effet, durant plusieurs dizaines d'années, le jeu est pratiqué un peu partout dans le pays, dans des lieux publics ou privés, comme nous l'avons vu, dans des moyens de transport (les bateaux à vapeur), etc. En 1910, tout change dans le Nevada. Le jeu est en effet proclamé illégal à cause du fait qu'il induit des paris d'argent. Dans le même temps, tous les jeux d'argent sont également proscrits. Jouer au Poker est alors considéré comme un véritable crime.

LES PREMIERS TEMPS

L'avancée des colons dans le Far West a très certainement contribué à la diffusion des jeux d'argent sur le territoire américain. Alors que les chariots gagnaient l'Ouest, toujours plus loin et toujours un peu plus nombreux, les risques étaient assez grands pour ces colons d'un nouveau genre. Le succès et la fortune n'étaient pas systématiquement au bout du voyage et lorsque ceux qui s'étaient risqués aussi loin souhaitaient se détendre, très souvent ils pariaient. À l'époque, il n'était pas question à proprement parler de s'enrichir mais bel et bien de prendre du bon temps. Une liberté qui durera jusqu'en 1910.

1931, LA DATE CLEF

C'est à partir de 1931 que la donne change à nouveau et que le Poker redevient un jeu autorisé dans le Nevada. L'origine de ce revirement est cependant à chercher beaucoup plus à l'Ouest puisque c'est d'abord en Californie qu'une loi est proclamée en faveur du Draw Poker. On considère alors qu'il ne s'agit pas uniquement d'un jeu de hasard et de paris mais qu'il nécessite de vraies capacités tactiques et techniques. À l'inverse, le Stud Poker reste illégal, car on l'estime beaucoup trop dépendant de la chance et du hasard.

LES RAISONS DE LA LÉGALISATION

Certains spécialistes supposent que la légalisation des jeux d'argent et de hasard en 1931 a quelque chose à voir avec le tristement célèbre krach boursier de 1929 et la Grande Dépression qui s'ensuivit. Il s'agissait en effet pour le gouvernement de tout mettre en œuvre pour relancer l'économie, et la légalisation des paris était un moyen comme un autre d'y parvenir.

UN JEU TRÈS MACHISTE

Nous l'avons dit, le Poker était plutôt pratiqué par les hommes, surtout en raison du fait qu'ils étaient majoritaires parmi les pionniers, aventuriers et autres chercheurs d'or du Far West. Les femmes jouant au Poker n'étaient pas nombreuses même si rien ne les en empêchait légalement. Pourtant, au moment de la légalisation du jeu, les femmes s'en trouvent écartées d'un point de vue légal. Il faudra attendre le milieu du XXe siècle pour que les femmes aient à nouveau le droit de jouer au Poker.

UNE LÉGALISATION « TOURISTIQUE »

Si l'État du Nevada s'est un beau jour décidé à légaliser les jeux d'argent et de paris, ce n'est pas par souci d'équité ni spécifiquement pour permettre aux gens de jouer (les paris clandestins allaient bon train, même durant les années d'interdiction). La vraie raison serait en effet touristique. Le Nevada devait en effet trouver un moyen de faire venir des touristes. Et ce fut bel et bien ce qui se passa. Aujourd'hui, le jeu est légalisé dans l'ensemble des États-Unis ainsi que dans beaucoup de pays du monde, mais le Nevada – et particulièrement Las Vegas – reste LA capitale internationale du jeu. On y vient du monde entier, pas seulement pour jouer, mais surtout en raison de la démesure et du luxe de ses hôtels-casinos.

LE CAS DES LOTERIES

Il faut distinguer les loteries des autres jeux d'argent comme le Poker ou le bingo, entre autres. En effet, les loteries ont toujours été interdites aux États-Unis, en tout cas de 1894 à 1964. Elles avaient été mises en place au début de la conquête de l'Amérique du Nord pour récolter des fonds, puis elles furent déclarées illégales. Cela déboucha sur des situations répétées de loteries illégales et c'est en partant de ce constat que les États-Unis décidèrent finalement de les légaliser de nouveau. Grâce à elles, le gouvernement pouvait aussi récolter des taxes substantielles. Il avait effectivement besoin d'argent et augmenter l'impôt risquait de mécontenter fortement la population. En légalisant la loterie, l'État récupérait de l'argent du contribuable sans le contraindre ni lui donner l'impression d'être saigné à blanc.

Le Poker au début du XXe siècle : un jeu de personnes respectables.

LE TEMPS DE LA PROHIBITION

Il est un événement qui a marqué l'histoire des États-Unis ainsi que celle des jeux en général et du Poker en particulier : la Prohibition. À l'origine, il s'agissait seulement d'interdire la vente et la fabrication d'alcool sur le sol américain, mais les jeux d'argent se trouvèrent assurément affectés par cette période de grand trouble.

LES DÉBUTS DU MOUVEMENT

Tout commence non pas au début du XXe siècle, mais 150 ans plus tôt environ. En Angleterre et dans les nouvelles colonies américaines, les gouvernements souhaitent alors tout faire pour limiter la consommation d'alcools distillés. À cette époque, l'alcool fait de sérieux ravages et les autorités pensent qu'il est temps de régler le problème en prenant ce type de mesure sans concession. En 1820, les habitants des États-Unis ingurgitaient en moyenne plus de 2 litres d'alcool pur par personne et par mois ! Les hautes instances religieuses et politiques décidèrent par conséquent de réagir et l'alcool fut, par décret, considéré comme un fléau national.

On pense qu'il existait un lien plus ou moins direct entre une consommation d'alcool excessive et la pauvreté et la violence. Au cours de la première moitié du XIXe siècle, la première loi de Prohibition fut votée dans l'État du Maine et, après 1855, elle fut adoptée dans 12 autres (sur les 31 états que comptaient les États-Unis à l'époque). Il faut croire que cette mesure fut efficace puisque de plus de 2 litres d'alcool pur, la consommation moyenne tomba à un tiers de litre, soit environ 7 à 8 fois moins. Une « trêve » eut cependant lieu durant les quatre années que dura la guerre de Sécession. Les lois furent légèrement modifiées, supprimées ou tout simplement ignorées.

SUS AUX SALOONS !

Durant la seconde moitié et à la fin du XIXe siècle, les saloons constituent des lieux de prédilection pour les joueurs de Poker. Or, en 1873 apparaît un mouvement de femmes qui ont décidé de réagir face à la montée de l'alcoolisme. Des milliers de femmes s'élèvent alors contre les saloons en exigeant de leurs patrons qu'ils cessent sans délai de vendre de l'alcool et ferment boutique. On appelle communément cet épisode « La Guerre des femmes ».

Ce mouvement s'amplifie et en 1893 naît l'association Anti Saloon League of America. Soutenus dans les États par différents candidats aux postes de gouverneurs, les membres de l'organisation tiennent à ce que tous les électeurs puissent dire s'ils souhaitent ou non que les saloons restent ouverts. Le résultat de ce déploiement de forces est qu'en 1917, deux États sur trois votent des lois condamnant les saloons à la fermeture et installent ainsi la Prohibition.

Le 22 décembre 1917, le congrès soumet aux États le 18e amendement à la Constitution visant à interdire purement et simplement « la fabrication, la vente ou le transport de boissons alcoolisées ». De manière parfaitement hypocrite, la consommation n'est, quant à elle, absolument pas interdite, mais on voit mal comment il aurait été possible de trouver de l'alcool sans le fabriquer, l'acheter ou l'importer… Toutes les boissons alcoolisées de plus de 0,5 % d'alcool sont interdites, hormis les prescriptions médicamenteuses ou les boissons préparées chez soi.

ET LE POKER DANS TOUT CELA ?

Il va sans dire que bon nombre d'habitués des tables de Poker se sont retrouvés à la rue lorsque les saloons ont fermé leurs portes. Même s'il reste évident qu'une sobriété minimum est de mise si l'on souhaite mettre toutes les chances de son coté dans une partie de Poker, l'alcool faisait incontestablement partie du cliché que l'on associait, à cette époque, aux joueurs de cartes réguliers.

La fermeture des saloons n'a pas pour autant sonné le glas du jeu, et les joueurs ont trouvé d'autres endroits pour partager leur passion. Ainsi, beaucoup de parties ont été organisées dans des cercles privés, familiaux ou des clubs. Ceux qui n'avaient vu dans le Poker qu'un moyen plus ou moins rapide de gagner de l'argent ont, pour certains, changé de vocation et se sont lancés dans la contrebande d'alcool, une pratique aussi lucrative que risquée ! Parmi les bandits les plus célèbres, citons le fameux Al Capone qui était, paraît-il, un fervent adepte des jeux de cartes. Ce n'est pourtant pas grâce à ses talents de joueur de Poker qu'il réussira à mettre sur pied l'un des gangs les plus redoutés du Chicago du début du XXe siècle. On estime en effet qu'il aurait amassé plus de 60 millions de dollars en trafiquant de l'alcool. Il tombera finalement pour fraude fiscale.

LA FIN DE LA PROHIBITION

Il fallut attendre la crise de 1929 pour qu'une campagne soit menée contre la Prohibition, pour des raisons purement économiques. Le 18e amendement de la Constitution des États-Unis sera finalement abrogé en 1933, marquant la fin de la Prohibition.

Bar clandestin sous la Prohibition.

LA SECONDE GUERRE MONDIALE : LE POKER ET LES GI'S

Après la guerre de Sécession au milieu du XIXe siècle, un autre épisode capital de l'histoire américaine, encore une guerre, va permettre au Poker de se diffuser : la Seconde Guerre mondiale.

3 MILLIONS DE JEUX !

Non, vous ne rêvez pas et il ne s'agit pas d'une erreur. Ce sont bien 3 millions de jeux de cartes qui ont été distribués par les soldats américains aux quatre coins du globe, en plus des chewing-gums et du chocolat. Avec ces jeux de cartes, les règles du Poker étaient traduites dans toutes les langues.

Quel pouvait donc être l'objectif des responsables de cette vaste campagne, en quelque sorte publicitaire ? On peut supposer dans un premier temps et assez naïvement qu'il s'agissait de faire plaisir aux populations libérées de l'oppresseur, mais cette explication serait probablement un peu courte.

Il est en effet plus vraisemblable que les Américains aient souhaité partager une partie de leur culture avec le monde, de façon à faciliter leur intégration sur place. Il ne faut pas perdre de vue que les manœuvres américaines étaient certes libératoires pour bon nombre de populations, asservies ou sur le point de l'être, mais elles visaient également à permettre l'installation de postes avancés ou de bases américaines en Europe et dans le reste du monde.

NIXON ET LE POKER

En pleine période de la campagne du Pacifique, un jeune lieutenant répondant au nom de Richard Nixon réussit à se faire une réputation dans le cercle des joueurs de Poker, avant de se faire un nom en politique. Les deux univers seraient pourtant étroitement liés, puisque l'on dit qu'il aurait réussi, grâce à ses talents de joueur, à amasser suffisamment d'argent pour financer de manière substantielle sa campagne contre le congressiste Jerry Voorhis.

Durant la Seconde Guerre mondiale, Nixon s'engage dans la Marine américaine alors que sa religion (Quaker) aurait pu lui permettre d'être exempté de service militaire. Il se retrouve sur un navire de ravitaillement et termine la guerre au rang de commandant en second. Ses supérieurs le portent en haute estime et voient déjà en lui un bon meneur d'hommes. C'est

précisément durant son service militaire dans la Marine qu'il apprend à jouer au Poker et devient très rapidement un joueur de haut niveau. Selon une rumeur, Nixon aurait gagné près de 10 000 $, une somme très importante à cette époque.
L'un de ses professeurs du Whittier College affirmera même qu'« un mauvais joueur de Poker ne pourrait jamais faire un bon président ». Richard Nixon sera élu 37e président des États-Unis le 20 janvier 1969, poste qu'il occupera jusqu'en août 1974.

UN LOISIR DES PLUS LUCRATIFS

Nixon n'est certainement pas le seul Américain qui ait « profité » du temps passé à la guerre pour parfaire sa technique de joueur de Poker. On peut également citer le cas d'un professeur d'économie, de droit et de statistiques, P. O. Steiner.
C'est également durant la Seconde Guerre mondiale, à bord du porte-avions *U.S.S. Independence*, que Steiner commence à jouer au Poker, au point d'en faire un loisir relativement lucratif. Il ne fait cependant pas fortune au jeu, mais tout en exerçant son métier de professeur jusqu'en 1991, il rédige un livre intitulé *Thursday Night Poker*. Il y expose les principaux aspects et les techniques du jeu, en partant des règles les plus courantes, jusqu'aux probabilités et statistiques, en passant par une typologie assez complète des joueurs. À la fin de son ouvrage, des exercices sont proposés au lecteur. Pour ceux que cela tente, Steiner passe également au crible les principales tricheries que l'on peut rencontrer autour d'une table de Poker et il va même jusqu'à expliquer dans le détail à quelles difficultés s'expose un très bon joueur amateur s'il décide de se mesurer aux joueurs professionnels qui écument les tournois et compétitions des casinos…

JUSQU'EN ASIE…

Les Américains ne se sont pas contentés de traverser l'Atlantique avec leurs jeux de Poker sous le bras puisqu'ils sont allés jusqu'en Asie. On sait ainsi que plus d'un million de jeux furent distribués avec autant de règles de jeu traduites en chinois. On ignore, en revanche, quel fut exactement l'impact du jeu sur les populations asiatiques. On ne peut s'empêcher de penser à la presqu'île de Macao, haut lieu asiatique du jeu d'argent. Pourtant, il faudra attendre 1949 pour que Macao sorte de l'enclavement que lui imposait sa grande voisine, la Chine, et s'ouvre sur l'Occident. Malgré son retour en 1999 au sein de la République populaire de Chine, le gouvernement local a gardé la main sur la plupart des sujets et notamment le développement économique qui est garanti par les textes jusqu'en… 2049 ! Cependant, le monopole des jeux à Macao que détenait Stanley Ho, milliardaire chinois, a pris fin en 2002 et les autorités ont entrepris une lutte accrue contre les réseaux mafieux et la corruption.

Le Poker : distraction favorite des GI'S.

GUERRE FROIDE, BLUFF ET POKER...

Continuons à doucement nous rapprocher de notre histoire contemporaine et arrêtons-nous quelques instants sur les années de guerre froide qu'a connues le monde, de l'après-guerre au début des années 1990. Quel rapport entre cette période et le Poker ? Tout simplement la tension généralisée et les nombreux « coups de bluff » auxquels avaient recours les deux camps, les États-Unis d'un coté et l'Union soviétique de l'autre.

UNE GUERRE QUI NE DIT PAS SON NOM

Qualifiée de « guerre limitée » ou bien encore de « paix belliqueuse » par Raymond Aron, philosophe et sociologue français, la guerre froide est donc un affrontement sans batailles, en tout cas sans batailles directes et déclarées, opposant le bloc de l'Ouest au bloc de l'Est. À l'origine, on trouve une opposition idéologique entre le communisme soviétique et le capitalisme occidental. En annexant les pays baltes, Staline cherche à mettre le plus de distance possible entre l'URSS et la menace occidentale. De leur côté, les États-Unis sont à pied d'œuvre avec leur fameux plan Marshall, tentant de reconstruire l'Europe tout en créant un important réseau d'alliés. Quelques années à peine après la fin de la guerre, les deux blocs sont formés.

LE BLOCUS DE BERLIN, UN VRAI COUP DE POKER

Aux multiples discours, conférences et négociations succède une période de crises. La première est la crise de Berlin. La ville allemande a été divisée en quatre secteurs d'occupation : américain, britannique, français et soviétique. La ville reste cependant enclavée en zone soviétique, simplement reliée par des voies routières, aériennes et ferroviaires au bloc de l'Ouest. En 1948, les Alliés décident de transformer leurs trois zones d'occupation en une seule afin de constituer un État souverain ouest-allemand. Seulement, Staline ne l'entend pas de cette oreille et décide de couper les voies d'accès. Ce blocus a pour conséquence la prise en otage de 2 millions d'habitants et 30 000 soldats alliés, tous coincés derrière ce que l'on appellera le Rideau de Fer. Ce blocus dure onze mois, la population retenue étant ravitaillée par voie aérienne.
Il s'agit là d'un parfait exemple de manœuvre comparable à la stratégie que l'on peut utiliser au Poker. En effet, de son coté, Staline compte sur l'épuisement des ressources et des personnes pour soumettre la population enclavée, tandis que les Alliés

réagissent sans tenter de forcer mais en s'adaptant à la situation. C'est ce que l'on peut considérer comme un parfait coup de bluff, chaque partie attendant que l'autre craque la première. C'est un peu ce qui se passe lorsque, au Poker, un joueur mise et que l'autre suit, et ainsi de suite jusqu'à ce qu'un des deux lâche prise.

LA GUERRE DE CORÉE

Voici un autre conflit, armé cette fois, qui met encore plus en exergue toute l'hypocrisie et l'invraisemblance de la guerre froide. Après la victoire de Mao Zedong sur Tchang Kaï Chek en octobre 1949, les États-Unis craignent qu'un nouveau pays asiatique ne se convertisse au communisme. Aussi, lorsque l'armée nord-coréenne commence à envahir la Corée du Sud en juin 1950, les Nations Unies décident de riposter, et le général Mac Arthur prend la tête de plusieurs contingents, principalement américains, portant néanmoins les couleurs de l'ONU.

Il atteindra les frontières chinoises à la fin septembre 1950. Devant ensuite faire face à quelque 850 000 Chinois, il se replie sur le 38e parallèle qui devient le front de cette guerre. Ce général n'était apparemment pas prêt à se laisser faire, puisqu'il ira jusqu'à conseiller au président américain Truman d'user de l'arme atomique pour l'emporter. Truman ne se laissera pas abuser et le congédiera. Ce recours à une arme disproportionnée est à rapprocher de la manœuvre qui consiste au Poker à placer des mises d'un montant exagéré afin d'impressionner voire même de décourager complètement le ou les adversaires. Le conflit s'éteindra finalement en 1953, après deux années de négociations, mais aucun traité de paix ne sera signé.

LE CALME APRÈS LA TEMPÊTE

De nombreux autres conflits et frictions ont lieu durant toute cette période de guerre froide, mais en 1963 vient le temps de ce que l'on a appelé « la détente ». Il faut dire qu'il était temps, car le monde sortait de la fameuse crise des missiles cubains, une crise si grave qu'elle faillit déclencher la troisième guerre mondiale. Suite à cela, on signa en 1968 le traité de non-prolifération nucléaire visant à empêcher tout pays non doté de cet armement de pouvoir y accéder un jour. Il s'agit là encore d'une position à double tranchant et l'on est en droit de se demander qui (ou quoi) les États-Unis et l'Union soviétique cherchaient véritablement à protéger en signant ce traité.

Bref, durant toute cette période les joueurs de Poker auraient certainement pu s'inspirer de bon nombre de dirigeants politiques en matière de calcul, de psychologie de l'adversaire et, naturellement, de bluff ! Un bluff qui s'est généralisé, notamment en matière de dissuasion et d'armement nucléaire...

LE HORSESHOE

Nous aurons, plus tard, l'occasion de revenir sur Las Vegas, ses casinos et ses tournois, mais nous avons souhaité vous présenter, à part, un établissement plutôt emblématique, le Horseshoe. Il s'agit en effet d'un des casinos les plus connus à Las Vegas et même aux États-Unis même si ce n'est pas le plus ancien. À l'origine de cet établissement, on trouve un joueur de Poker plutôt haut en couleur, Benny Binion…

L'HISTOIRE D'UN HOMME, BENNY BINION…

Benny Binion est né au Texas, en 1904, à Pilot Grove précisément. Très tôt, l'homme développe un intérêt tout particulier pour les jeux de hasard et les paris. Le Texas étant une terre d'éleveurs, Binion évolue dans le milieu des négociants de chevaux et il constate très vite que les éleveurs sont, pour la plupart, des parieurs invétérés. Peu à peu, il se met, lui aussi, à jouer. Il n'a que 25 ans lors de la Prohibition, mais cela ne l'empêche pas de verser dans quelques opérations de contrebande et de trafic, ce qui ne lui permettra pas toutefois de s'enrichir significativement. Plus grave, il aurait été suspecté d'être plus ou moins lié à sept affaires de meurtre au Texas. Jamais inculpé cependant, et toujours passionné par le jeu, il se lance dans le *dice business* (business des dés) en organisant des parties de craps totalement illégales.

ARRIVÉE À LAS VEGAS

Suivant un de ses instincts de joueur, il se rend à Las Vegas où il investit dans le Las Vegas Club. Il fonde ensuite le Westerner et, en 1951, il rachète un autre établissement, le bien nommé Eldorado Club. Il rebaptise l'établissement Horseshoe. Aussitôt installé, il met de la moquette partout pour faire plus chic, ce qui est une première pour les clubs *downtown* de l'époque. Il s'agit d'une affaire de famille puisque ses deux fils, Ted et Jack, s'occupent des jeux tandis que son épouse, Teddy Jane, tient les comptes. Juste à coté du Horseshoe se trouve l'Apache Hotel, une petite structure qui deviendra par la suite une extension du casino de Binion.

UNE RÉPUTATION HORS DU COMMUN

Le Horseshoe acquiert très vite une certaine réputation auprès des joueurs. En effet, c'est l'un des casinos qui permet les mises les plus hautes de Las Vegas. Le grand jeu va rester l'une des caractéristiques de Binion. Tout n'est cependant pas aussi facile car il se heurte bientôt aux autorités, locales tout d'abord, puis fédérales. Il rencontre les plus grandes difficultés à obtenir sa licence. Cela ne l'empêche pas de faire tourner son casino dans le plus grand respect de la tradition d'hospitalité texane. Il passe par la « case prison » pour fraude fiscale, ce qui l'oblige, en 1953, à vendre son casino à un joueur bien connu, Joe W. Brown. Il sort de prison en 1957 et réussit à racheter partiellement son établissement à son ami. Il en retrouvera l'entière propriété en 1964. Durant cette période, il entreprendra de grands travaux de rénovation du Horseshoe avec, notamment, l'installation d'un néon de façade des plus voyants !

BIENVENUE AU POKER !

Tous ces projets commerciaux n'empêchent pourtant pas Benny Binion d'être non seulement un passionné mais un grand joueur de Poker. À tel point qu'en 1970, il lance le premier championnat des World Series of Poker. Il s'agit à l'époque d'une compétition encore relativement sous-dimensionnée et confidentielle réunissant un cercle de joueurs d'élite, principalement. Cette opération a pour effet de mettre un beau coup de projecteur sur le casino. Ayant compris l'intérêt de ce type de communication, Binion commence à lancer des promesses de gains très élevées (1 million de dollars US !).

L'EXPANSION INÉVITABLE

Le Horseshoe doit une partie de son charme à sa taille, moins imposante et plus intimiste que la plupart des casinos de Las Vegas. Cependant, cette spécificité connaît également un revers de médaille puisque la plupart des joueurs considèrent que les meilleurs gains sont associés aux casinos les plus grands.

Conscient de cette situation, Binion est donc contraint de s'agrandir durant les années 1980. En 1988, il fait l'acquisition d'un voisin immédiat, le Mint. Ce casino est rapidement intégré au Horseshoe. La particularité du Mint était d'être doté d'une haute tour (bâtie en 1965), ce qui permettait à l'établissement non seulement de bénéficier de chambres d'hôtel supplémentaires, mais aussi et surtout d'être vu de loin.

LA FIN D'UN MYTHE

Joueur jusqu'à son dernier souffle, Benny Binion choisit de s'éteindre le jour de Noël 1989, à l'âge de 85 ans. Le casino reste d'abord dans la famille, jusqu'en 2004, où il passe entre les mains du groupe Harrah's Entertainment qui conserve la marque WSOP mais remet encore en vente le casino. Entre temps, Jack Binion, le fils de Benny, a eu le temps de faire prospérer sa propre entreprise en développant plusieurs autres casinos dans différents États. Le Horseshoe, rebaptisé Binion's Gambling Hall, figure parmi les établissements les plus respectés de Las Vegas. Il a accueilli pour la dernière fois la prestigieuse compétition World Series of Poker en juillet 2005 et l'hôtel est resté fermé depuis 2009.

B
Binion's
Take Your Picture With

LES DÉBUTS DU WORLD SERIES OF POKER ET LES PREMIERS CHAMPIONS...

C'est donc en 1970, grâce à la passion de Benny Binion et grâce à sa volonté d'organiser le premier tournoi international de Poker dans son casino, que la plus connue des compétitions est née, le fameux World Series of Poker. Cette compétition est donc d'abord un énorme coup de marketing pour Binion et son établissement mais, ce qui est le plus important, c'est qu'elle a enfin permis à des joueurs plus que confirmés d'exercer leurs talents de joueurs de Poker à l'échelle d'une compétition mondiale et professionnelle.

RETOUR AUX SOURCES

Parce qu'il faut rendre à César ce qui lui appartient, l'idée d'organiser des tournois de Poker n'est pas née dans le cerveau de Binion. En effet, durant l'été 1949, un des joueurs les plus en vue et les plus performants de l'époque, Nicholas Dandolos, plus connu sous le nom de Nick le Grec, propose à Benny Binion d'organiser une sorte de « marathon » du Poker. L'objectif est de réunir les meilleurs joueurs et de les faire s'affronter de manière cadrée et officielle, presque sportive. Binion est immédiatement séduit par cette idée et accepte donc de mettre en place une rencontre entre Nicholas Dandolos et le très célèbre Johnny Moss. Petit détail qui n'en est pas un, Binion souhaite que la compétition se déroule en public. Il va de soi qu'il a compris quel impact médiatique la compétition pourrait avoir sur son établissement et il entrevoit déjà les retombées commerciales de cette rencontre.

UNE VRAIE ÉPOPÉE...

La rencontre a donc lieu, ou devrait-on plutôt dire « les » rencontres puisque la compétition entre les deux hommes se déroule sur plus de cinq mois, sans discontinuer. Ils jouent en permanence et ne s'arrêtent que pour dormir de temps à autre. Toutes les formes de Poker possibles et imaginables sont pratiquées, des plus classiques aux plus « expérimentales ». Au final et après des centaines d'heures de jeu et autant de parties toutes plus acharnées les unes que les autres, c'est Johnny Moss qui l'emporte. On estime alors que ses gains s'élèvent à environ 2 millions de dollars. Lorsque Nick le Grec perd sa dernière mise, l'histoire dit qu'il se lève brutalement de sa chaise et qu'il déclare à son adversaire, en s'inclinant légèrement : « M. Moss, je dois vous laisser ». Après quoi, il va se coucher, mais rien ne dit qu'il a alors trouvé facilement le sommeil...

UN COUP PUBLICITAIRE SANS PRÉCÉDENT

Cette compétition « marathonienne » marque naturellement l'histoire du Poker et de ses compétitions, mais elle permet surtout à Binion de remarquer que, tous les jours, un public nombreux est venu se rassembler devant le casino pour suivre la partie, avec la même ferveur que celle dont peuvent faire preuve les supporters sportifs. Chaque spectateur soutient son joueur préféré et s'enflamme sur toutes les possibilités de jeu.

Mais si la dimension de ce succès a dépassé tout ce que Binion pouvait espérer, il faudra attendre les années 1970, soit une vingtaine d'années, pour que Binion recrée l'événement en mettant sur pied ce qui va devenir la plus célèbre des compétitions internationales : le World Series of Poker.

QUI EST LE CHAMPION ?

Dès lors, le Poker mérite, chaque année, son champion du monde en titre et, pour cela, une compétition d'une ampleur proportionnelle à la hauteur de l'attente, tant des joueurs que du public, est mise en place. Cependant, la première année, le titre de champion du monde n'a pas été attribué à la suite d'une compétition mais d'un vote. Les meilleurs joueurs du monde ont été donc réunis et on leur a demandé leur avis. Le nom qui l'a emporté a été à nouveau celui de Johnny Moss.

Mais l'année suivante, le titre est remis en jeu et, cette fois, une vraie compétition est organisée pour savoir qui va l'emporter. Le principe éliminatoire est on ne peut plus simple et efficace : dès qu'un joueur a ramassé tous les jetons adverses, la partie est terminée et tous les autres joueurs sont éliminés de la compétition. Dans ces conditions, les meilleurs joueurs sortent très rapidement du lot, puisque aucune seconde chance n'est accordée à qui que ce soit. En 1971, c'est donc une fois de plus Johnny Moss qui est sacré champion du monde des World Series of Poker. Mais il ne garde pas le titre très longtemps puisque l'année suivante, c'est un certain Thomas Preston, également connu sous le nom d'Amarillo Slim, qui remporte le titre.

Petit à petit, la compétition gagne en notoriété et alors qu'il n'y avait que 7 joueurs engagés en 1972, le nombre d'inscrits passe à 13 en 1973 puis à 20 en 1974. À l'époque, dans une interview accordée à Mary Ellen Glass, historienne spécialiste du Nevada, Binion a déclaré qu'il pariait sur une cinquantaine de participants réguliers dans les années qui allaient suivre... L'histoire lui a donné très largement raison, puisque à partir de la fin des années 1980, le tournoi accueillait plus de 2 000 compétiteurs !

Binion a vécu assez longtemps pour voir cette réussite et le monde du Poker lui doit un tribut incontestable pour tout le travail de médiatisation et de popularisation qu'il a accompli autour de ce jeu.

CASINO
LAS VEGAS
500
NEVADA

POKER ET TÉLÉVISION, LE PREMIER « BOOM »

Durant cette seconde moitié du XXe siècle, l'univers du Poker est également marqué par l'arrivée de la télévision, qui s'intéresse rapidement aux parties de championnat du World Series of Poker. Cela se passe naturellement aux États-Unis pour commencer et le moins que l'on puisse dire, c'est que le succès est quasi immédiat.

ESPN, LA CHAÎNE SPORTIVE...

Pour ses premières retransmissions télévisées, la finale du World Series of Poker s'offre, dans les années 1970, les services de la fameuse chaîne de télévision spécialisée dans la retransmission d'événements sportifs : ESPN (Entertainment Sport Programming Network). Années après années, cette chaîne est devenue pour le sport ce que CNN est à l'information, créant de nombreuses filiales de par le monde. Durant les premières années, la couverture technique est relativement limitée puisque les cartes des joueurs ne sont pas dévoilées aux téléspectateurs. Ces derniers doivent donc s'en remettre aux seuls éclaircissements des commentateurs spécialisés. Toutes les suppositions sont alors permises et les prévisions et remarques de chacun, critiques et téléspectateurs, vont bon train.

L'ARRIVÉE DE LA *HOLE CAM*

C'est grâce à l'arrivée d'une innovation technologique que les retransmissions télévisées des compétitions de Poker vont prendre une autre dimension. Et pour une fois, il convient de signaler que cette nouveauté fut utilisée en Europe dès 1997, alors qu'aux États-Unis son emploi n'est intervenu qu'en 2002. Cette avancée technologique, la *hole cam*, est une caméra de petite taille qui va permettre de révéler la nature des cartes qui circulent sur la table de jeu ou bien dans les mains des joueurs.

On devrait d'ailleurs parler de *hole cams*, au pluriel, puisque plusieurs caméras sont placées notamment sous une vitre servant de table de jeu, ou bien encore sur un rail surélevé courant tout autour de la table de jeu. L'objectif est de montrer les cartes que chacun des joueurs a en main, sans que ses adversaires n'en soient informés, cela va de soi. À ce propos, afin de garantir la sécurité de ces informations filmées et dissuader ceux qui pourraient être tentés de tricher, les commentaires sont naturellement isolés des joueurs. Au début, la retransmission était même effectuée avec quelques minutes de différé !

UNE GÉNÉRALISATION DES *HOLE CAMS*

La première utilisation de ces techniques de capture vidéo a lieu au Royaume-Uni, lors de la célèbre Late Night Poker, émission diffusée sur Channel 4. Le système a d'ailleurs été déposé par Henry Orenstein, un joueur récompensé au World Series of Poker. Un second événement européen, le Poker Million, fait ensuite appel aux *hole cams* en 2000, avec un succès immédiat. C'est la première partie télévisée proposant un montant de gains aussi élevé (1 million de dollars). En 2002, les *hole cams* traversent l'Atlantique pour être utilisées lors de la finale de 2002 du World Series of Poker. Le World Poker Tour, une compétition à l'initiative de Steve Lipscomb, prendra la suite en 2003, formalisant et généralisant l'utilisation des *hole cams* à toutes les compétitions de Poker. Ce dispositif suscite évidemment une nette augmentation de l'intérêt des téléspectateurs, puis du nombre des inscrits aux plus grandes compétitions. À partir de cette année-là, plus aucune compétition ne pourra se passer de la technologie des *hole cams*.

LE SUCCÈS DES PROGRAMMES POKER

Aussi bien en Europe qu'aux États-Unis, les retransmissions de compétitions de Poker connaissent un succès grandissant. Jusqu'alors cantonnés à des chaînes très spécifiques ou bien exclusivement sportives, les programmes de Poker gagnent peu à peu des chaînes plus généralistes.

Les commentaires deviennent aussi plus animés, presque joués comme un texte de théâtre et évoluent pour rendre les programmes encore plus passionnants pour les téléspectateurs. L'autre intérêt de ces programmes est également de pouvoir condenser et résumer en quelques heures des compétitions qui s'étalent parfois sur plusieurs jours ou plusieurs semaines. Seules les finales sont généralement retransmises, laissant de côté les phases précédentes de qualification.

Des chaînes et des programmes dédiés au Poker ont fait leur apparition comme par exemple The Poker Channel (lancée en mars 2005 en Grande-Bretagne, rebaptisée The Player Chanel en 2012 en s'ouvrant à d'autres jeux) qui s'est beaucoup développée sur le câble en Europe mais aussi en Amérique latine ou bien encore des émissions, entre la retransmission de partie et la télé-réalité, mettant en scène de façon attractive célébrités et anonymes appâtés par le gain. Internet est aussi un vecteur de diffusion important pour les grandes compétitions. Ainsi, *La Maison du bluff* continue à faire palpiter les spectateurs de NRJ 12.

POKER ET INTERNET, LE SECOND « BOOM »

Tout au long de la fin du XXe siècle et de ce début de XXIe siècle, la popularité du jeu de cartes n'a pas cessé d'augmenter. Si l'évolution la plus marquante a lieu en Amérique, lieu où, nous venons de l'évoquer, les premiers grands tournois ont été initiés, la puissance des médias et les nouvelles technologies aidant, le jeu s'est démocratisé partout dans le monde, sans plus aucune considération de pays ni de continent. En cause, la télévision, mais surtout, Internet. Ce formidable outil de communication et d'information a en effet joué (et joue encore) un rôle prépondérant dans la démocratisation du Poker.

QUI EST FAN DE POKER ?

A priori, tout le monde ! En effet, à en juger par l'offre sans cesse grandissante d'ouvrages, d'articles de presse, de DVD, de vidéos en ligne, qui sortent régulièrement, on ne peut s'empêcher de penser que la clientèle des produits sur le Poker est de plus en plus large et, par conséquent, de plus en plus diversifiée.

Cette accélération a véritablement eu lieu à partir de la fin des années 1990 et plus encore depuis les années 2000 grâce à un outil qui n'allait pas tarder à révolutionner le jeu : Internet. Il faut cependant distinguer les années 1995-1999, au cours desquelles le réseau micro-informatique a servi principalement à échanger des ressources et des informations, et la période des années 2000 à nos jours, au cours de laquelle les sites de jeu en ligne ont proliféré à la vitesse de la lumière. N'importe qui peut ainsi, en quelques minutes, découvrir ou retrouver la fièvre d'une table de Poker et miser « pour de vrai » avec toutes les émotions et les dérives que cela peut supposer…

PLANETPOKER, LE TOURNANT !

PlanetPoker est un site qui fait son apparition en 1998. À l'époque, le graphisme est plus que moyen et il est extrêmement difficile de placer de vraies mises. Peu importe ! Ce site de jeu en ligne connaît un grand succès et existe toujours (www.planetpoker.com). Le principe consiste à pouvoir jouer tout d'abord gratuitement afin de s'habituer au programme de jeu, de s'assurer que l'on connaît bien les règles pratiquées et tenter sa chance « pour de faux ». Une fois que l'on se sent prêt à franchir le cap, on peut effectuer un dépôt d'argent par carte bancaire et jouer avec des mises réelles. Un peu plus tard, d'autres sites de jeu ont suivi. Le Poker en ligne était lancé…

JOUER EN LIGNE, UN PARI RISQUÉ ?

Avant tout, nous tenons à différencier les jeux vidéo qui s'apparentent à des simulations de Poker des casinos en ligne proposant de vraies parties à rejoindre avec de véritables mises engagées. Nous aborderons le cas des jeux vidéo un peu plus tard dans cet ouvrage. Pour le moment, concentrons-nous sur le jeu en ligne qui n'a, la plupart du temps, rien de virtuel.

Jouer en ligne peut s'avérer parfaitement sûr ou bien au contraire extrêmement risqué. Plus qu'au jeu lui-même, c'est au moment de la transaction bancaire que les problèmes peuvent apparaître. Quant on sait que la plupart des sociétés qui gèrent ces jeux en ligne (de Poker ou plus généralement de casino) sont installées bien à l'abri dans des paradis fiscaux et échappent ainsi à toutes les législations sur les jeux de hasard, on mesure à quel point la prudence doit être un réflexe permanent.

2010, L'ODYSSÉE DU POKER EN LIGNE

C'est en effet en juin 2010 que la France a permis l'ouverture à la concurrence de certains jeux d'argent et de hasard, mettant fin à une situation de monopole remontant au début du XIXe siècle. Pour le moment, seul le Poker figure au menu des jeux autorisés. Parmi les sites les plus connus, citons Betclic, Everest Poker ou bien encore Winamax.

OÙ JOUER ?

Il existe des centaines de sites proposant des tables de jeu *online* (en ligne). Toutes n'offrent bien évidemment pas le même degré de garantie et de sécurité. Par conséquent, le premier conseil à suivre serait de prendre autant de renseignements que possible.

Le Poker en ligne touche aujourd'hui des millions de joueurs dans le monde mais la toile ne s'est pas contentée d'élargir l'audience du Poker, elle a véritablement révolutionné la façon d'y jouer. En effet, en éliminant l'échange direct et la présence physique de ses adversaires, le stress n'est absolument plus le même, la psychologie est toute différente, les émotions également. Il arrive toujours un moment où le joueur virtuel aura envie de se frotter à de véritables adversaires bien vivants : c'est un pas décisif qui fait entrer dans la vraie magie du Poker où jeu et psychologie sont indissociables.

POKER ET JEUX DE SOCIÉTÉ

Le Poker est un jeu tellement connu qu'il n'est pas étonnant que bon nombre de jeux de société s'en soient inspirés. Tous partent en effet d'éléments de règles du Poker et s'en éloignent ensuite à leur façon, avec plus ou moins de succès. Tous ne sont pas des jeux cultes, mais il nous semble tout de même qu'ils méritaient de vous être présentés dans le détail. Attention, car la plupart ne sont plus disponibles dans le commerce. Cependant, il se peut que vous les trouviez dans un vide-grenier, sur un site d'enchères ou bien encore dans la ludothèque de votre quartier…

Nom du jeu : SPOKER
Auteurs : M. Plaignaud, J-M Touati, L. Colin, A. Savino
Éditeur : Ludapi
Année de sortie : 1999
Niveau de difficulté : facile
Durée d'une partie : 40 minutes

SPOKER

Nous commencerons donc par un jeu qui figure parmi nos préférés. Il s'agit de Spoker. On peut considérer sans exagérer que ce jeu se situe un peu à la croisée des chemins entre le Poker, le rami et le Scrabble. L'influence du Poker est en effet indiscutable du fait, tout d'abord, du nom du jeu et ensuite, parce l'on joue avec des cartes, miniatures certes, mais des cartes tout ce qu'il y a de classique (Dame, Roi, As…). Les couleurs utilisées sont quant à elles au nombre de cinq (pique, carreau, trèfle, cœur et une cinquième, l'étoile). Le rami est aussi présent car il s'agit de constituer des combinaisons de cartes (comme par exemple des brelans, des paires…). Enfin, le jeu se pratiquant sur un tableau comportant des cases bonus, vous aurez la possibilité de compléter des combinaisons déjà posées : c'est en cela qu'il existe une certaine ressemblance avec le Scrabble. Autre point commun avec le Poker, on joue avec cinq cartes dans la main. Enfin, signalons que toutes les cartes ont été gravées en braille afin que les non-voyants puissent jouer sans difficulté. Une initiative dont beaucoup d'éditeurs pourraient s'inspirer…

POKERFACE

Pokerface est petit jeu assez simple édité au milieu des années 1990 et utilisant la thématique des dessins animés de Disney (Donald). Le principe de ce jeu est assez simple à comprendre et à mettre en pratique.
Chaque joueur reçoit trois cartes sur lesquelles se trouvent plusieurs valeurs (de 1 à 15). Pour faire avancer son pion sur le parcours, il doit poser une de ses cartes, face cachée, et annoncer qu'une des valeurs qu'elle comporte correspond à la case du plateau qu'il souhaite quitter. Si un de ses adversaires doute, il peut l'accuser de bluff et lui demander de retourner sa carte.
Deux possibilités sont alors envisageables. Soit la carte ne correspond effectivement pas à l'annonce et le joueur doit dans ce cas reculer du double de la valeur annoncée. Si, par contre, le joueur disait vrai, il est autorisé à avancer du double de la valeur, tandis que les joueurs qui ont mis sa parole en doute doivent quant à eux reculer du double de la valeur annoncée.

Nom du jeu : Pokerface
Auteur : R. Sieger
Éditeur : Schmidt
Année de sortie : 1996
Niveau de difficulté : facile
Durée d'une partie : 35 minutes

QUICKPOKER

Sous ses airs de plateau de petits chevaux, ce jeu rassemble en fait différents principes de jeu relativement répandus pour aboutir à une règle intéressante et originale. Chaque joueur dispose de cinq pions qu'il doit réussir à faire avancer sur un plateau sur lequel sont symbolisées les valeurs de cartes allant du 7 à l'As. Au moyen d'un dé, il doit parvenir à sortir ses pions du jeu avant les autres joueurs.

Nom du jeu : QuickPoker
Auteur : P. Thoniel
Éditeur : Carta Games
Année de sortie : 2006
Niveau de difficulté : facile
Durée d'une partie : 30 minutes

ALPHA POKER

Si vous aimez un tant soit peu les jeux de lettres, vous devriez véritablement apprécier Alpha Poker. Ce jeu réussit en effet avec brio à mélanger les genres. En tout, ce jeu comporte 2 fois 65 cartes avec une lettre imprimée sur chacune. Les lettres les plus rares ne sont présentes qu'une seule fois dans le jeu tandis que les lettres les plus courantes le sont plusieurs fois (5 fois pour le A et le I et 8 fois pour le E). Le premier jeu porte des lettres noires et le second, des lettres rouges. Plusieurs règles sont fournies dans la boîte de jeu pour jouer à des formes variées de Poker que l'on pourrait qualifier de « littéraires ».

Nom du jeu : Alpha Poker
Auteur : A. Guilbert
Éditeur : Alterludis
Année de sortie : 2006
Niveau de difficulté : facile
Durée d'une partie : 30 minutes

BUNKER POKER

Nom du jeu : Bunker Poker
Auteur : P. Aucagos
Éditeur : Gigamic
Année de sortie : 1999
Niveau de difficulté : facile
Durée d'une partie : 20 minutes

Voici un autre jeu qui mérite toute votre attention. Avant toute chose, sachez qu'il a reçu plusieurs prix dont le Dé d'argent (1998-1999), la Boucle d'or au Festival de Besançon en 1997 et enfin l'As d'Or de Cannes en 1999. Bien que ce jeu se pratique exclusivement avec des dés, il n'usurpe pas son nom de Bunker Poker puisqu'il intègre une part importante de bluff. On peut même dire que le jeu repose essentiellement sur ce que chaque joueur peut faire croire à ses adversaires. Une bonne dose de stratégie est également nécessaire ainsi qu'une lecture disons psychologique de chacun de ses opposants.

POKER CHAMP

Nom du jeu : Poker Champ
Auteur : Pierre Neuville
Éditeur : Sté de gestion SA
Année de sortie : 2012
Niveau de difficulté : facile
Durée d'une partie : 30 minutes

A l'origine de Poker Champ on retrouve Pierre Neuville, un célèbre joueur de Poker belge, ancien dirigeant chez Hasbro, l'éditeur de jeux de société. Son objectif, initier les plus jeunes (et les moins jeunes) au Poker autour d'un plateau de jeu familial et convivial en proposant tous les grands principes du jeu avec l'élimination en moins. Bluff, suspense et tension sont donc au rendez-vous mais avec des jetons et pas de l'argent réel, bien entendu. À mettre entre toutes les mains en vertu de ses qualités ludo-pédagogiques indéniables.

CHICAGO POKER

Nom du jeu : Chicago Poker
Auteurs : Bruno Faidutti et Bruno Cathala
Éditeur : Phalanx Games
Année de sortie : 2007
Niveau de difficulté : moyen
Durée d'une partie : 45 minutes

Vous êtes à la tête d'un des gangs de Chicago, dans les années 1920, et vous allez tout faire pour tenter d'étendre votre territoire. Pour cela, une seule solution, participer à des parties de Poker en essayant de constituer les meilleures combinaisons ou en devenant le bluffeur le plus efficace des États-Unis ! Ce jeu de cartes n'est pas à proprement parler un jeu de Poker mais il est toujours question de brelans, suites et autres carrés. Facile à transporter et simple à comprendre…

JEUX VIDÉO, APPLICATIONS ET FLIPPERS

L'univers des jeux vidéo n'a pas épargné le Poker et, même si on laisse de côté le Poker en ligne dont nous vous avons déjà parlé, de nombreux éditeurs de jeux ont proposé et continuent à proposer des simulations de Poker. Toutes ne sont pas parfaites, mais elles permettent non seulement de jouer contre l'ordinateur, mais également d'apprendre les meilleures techniques et d'adopter les meilleurs réflexes. Il existe plusieurs niveaux de qualité pour ce type de jeu, les plus aboutis et les plus performants étant plutôt ceux que l'on trouve dans le commerce. Cela dit, il existe des jeux de Poker appartenant aux domaines *shareware* et *freeware* (gratuits) téléchargeables sur Internet qui offrent une jouabilité et un graphisme irréprochables.

POKER COLLECTOR - ÉDITION DELUXE

Éditeur : Micro Application

Prix : 8 € env.

Le pari de ce jeu pour PC est de vous proposer de vous initier aux 7 variantes de Poker parmi lesquelles les fameuses Texas Hold'em, 7-Card Stud ou bien encore Omaha. Vous pourrez également profiter d'un mode multijoueur gratuit via Internet. Les plus malins auront également l'occasion d'expérimenter une fonction « triche » des plus originales.

GOVERNOR OF POKER

Éditeur : Micro Application

Prix : 6 € env.

Ce jeu de Poker est intéressant car il va vous permettre de parcourir tout l'Ouest américain pour participer à des tournois et autres « cash games ». Le jeu reste fondamentalement classique dans ses règles mais sa forme pourra intéresser ceux qui ont envie d'un peu plus d'aventure qu'une simple table de jeu et de son tapis vert. À noter, la possibilité qui vous sera donnée d'utiliser vos gains pour acheter des biens immobiliers et des moyens de transport, à moins que vous ne vous soyez fait plumer avant d'avoir eu le temps de dire ouf !

HEADS UP : HOLD'EM HD (IOS)

Entièrement gratuit et graphiquement très abouti, ce jeu prend toute sa dimension sur un iPad et son écran tactile qui permet vraiment une prise en main idéale. Trois niveaux de difficulté sont proposés et une option permet de jouer à deux *via* une connexion wi-fi ou Bluetooth ou bien en mode écran partagé, sur la même tablette. Et si vous trouvez que la version gratuite manque d'options, sachez qu'il existe une version payante, encore plus aboutie.

Éditeur : Galaxy Gaming

Prix : Gratuit

POKER APPEAK (ANDROID ET IOS)

L'originalité de cette application tient probablement en ce qu'elle fait la part belle au « chat », cette fameuse discussion entre joueurs au cours d'une partie. S'adressant plutôt à un public de débutants, Poker Appeak reste un choix simple et performant pour qui veut s'initier au jeu, simplement et rapidement. Pas d'argent à miser, pas de tournois ni de classement, juste le jeu et rien que le jeu…

Éditeur : Appeak Poker

Prix : Gratuit

UN PHÉNOMÈNE TRANSGÉNÉRATIONNEL…

Qu'il s'agisse des consoles de jeu de salon ou des consoles portables, aucun modèle n'a échappé à la « vague Poker ». La possibilité de jouer en ligne qui était, quelques années en arrière, réservée aux seuls ordinateurs (Mac ou PC) est depuis quelques années accessible aux consoles, ce qui permet désormais de développer les parties en ligne. Parmi les titres les plus récents, citons Pure Hold'em World Poker Championship, sorti en 2015 sur Playstation 4 (Sony) et Xbox One (Microsoft), qui permet à un maximum de 9 joueurs de suer au-dessus du même tapis vert virtuel.

LES POKER FLIPPERS…

La thématique du Poker a aussi été exploitée par quelques modèles de flippers dont le plus connu et le plus représentatif est probablement le modèle Joker Poker, fabriqué par Bally à la fin des années 1970. Dans ce modèle, il s'agissait de faire tomber des cibles en réalisant des paires, des brelans et des carrés de façon à accumuler des points de bonus. En 1980, le fabriquant Williams a lancé un modèle baptisé Alien Poker mélangeant la thématique du Poker avec celle de la science-fiction. Mais Williams revient aux jeux de cartes avec un autre modèle orienté Poker, le flipper Jokerz ! Enfin, la compétition du World Poker Tour a bénéficié d'un flipper dédicacé, fabriqué par Stern et lancé au début de l'année 2006. Si l'on souhaite remonter un peu plus loin dans le passé, on peut trouver encore près d'une dizaine de flippers ayant pour thématiques le Poker, preuve que le Poker est bien davantage qu'un simple jeu et qu'il fait réellement partie de la culture américaine.

LE POKER, JEU CLANDESTIN, JEU INTERDIT

Quel que soit le succès du Poker et malgré les nombreuses personnalités qui n'hésitent pas à en faire la promotion, le Poker reste, dans la plupart des pays du monde, un jeu d'argent et de hasard purement et simplement interdit. *Quid* des casinos et autres lieux accueillant des tournois primés ? Ils échappent généralement à la règle par le biais de dérogations, tout comme les loteries nationales et les paris organisés. Toutes les informations que vous trouverez ici sont celles qui correspondent à la situation de l'été 2016.

POKER ET CLANDESTINITÉ

L'organisation de parties de Poker où de l'argent circule est très strictement encadrée, d'autant que des réseaux mafieux peuvent s'y infiltrer. C'est pourquoi aux États-Unis, à partir de 2007, le FBI a lancé des enquêtes notamment sur les sites de Poker en ligne, ce qui a abouti à un grand ménage en 2011 et 2012 et des mises en accusation pour fraude bancaire et blanchiment d'argent à l'encontre des trois plus grands opérateurs : PokerStars, Full Tilt Poker et Cereus (Absolute Poker / Ultimatebet). De grands joueurs comme Chris Ferguson y ont laissé des plumes !

ET EN FRANCE ?

Depuis un jugement datant de 1930, le Poker est interdit en France. D'un point de vue légal, il s'agit effectivement d'un jeu de hasard, et ce type de jeu reste uniquement accepté dans l'enceinte des casinos ou bien encore par l'intermédiaire de la Française des Jeux. C'est entre autres pour cette raison qu'il est impossible d'organiser un tournoi européen de Poker dans son salon ou dans la salle des fêtes de sa municipalité.

Cependant, comme très souvent dans notre pays, les lois sont édictées pour être presque aussitôt contrariées par des dérogations. Sont principalement concernés par ces dérogations tous les casinos ainsi que certains cercles de jeu comme par exemple l'ACF (Association des casinos francophones). La France a ouvert à la concurrence le marché de certains jeux d'argent et de hasard, dont le Poker en ligne, en juin 2010, pour des opérateurs agréés. De grosses sommes circulent mais les bénéfices restent modestes car au Poker la redistribution des gains aux joueurs est plus forte que pour les autres jeux et paris en ligne (97 % contre environ 80 %).

OÙ ET COMMENT PEUT-ON JOUER EN FRANCE ?

Vous êtes parfaitement libre d'organiser des parties de Poker tant que cela reste exclusivement et complètement privé. Cela sous-entend que vous ne fassiez aucune publicité d'aucune sorte pour attirer des joueurs ou simplement parler de l'événement, que vous ne fassiez aucun affichage public, que vous ne passiez naturellement aucune petite annonce, ni dans un journal ni sur Internet… Bref, motus et bouche cousue ! Dans ces conditions, vous ne pourrez pas être inquiété. Attention toutefois à ce que les participants à votre partie respectent également cette règle, sans quoi c'est vous, l'organisateur, qui pourriez être poursuivi. Difficile dans ces conditions de trouver rapidement de nouveaux joueurs pour s'asseoir autour de votre table de jeu. Denis Bertoncini, commissaire à la Brigade des Jeux, annonçait dans *Le Parisien* du 21 décembre 2006 : « Si la partie de Poker ne se déroule par régulièrement au même endroit et si l'organisateur ne perçoit aucune rémunération, le Poker est autorisé ».
À l'automne 2014, un grand coup de balai a été fait dans le milieu des cercles de Poker parisiens avec de spectaculaires descentes de police. Résultat : plusieurs fermetures administratives et une surveillance accrue de ces cercles qui sont censés correspondre au statut d'associations à but non lucratif (loi de 1901) !

ORGANISER UN TOURNOI PRIVÉ, C'EST POSSIBLE !

Ce que la loi interdit, ce n'est pas tant le jeu lui-même, mais l'argent qu'il fait circuler. Aussi, si vous souhaitez organiser un tournoi, vous le pouvez parfaitement, mais il ne doit pas être question d'argent. Si vous jouez avec des jetons sans contre-valeur numéraire, mais par exemple en faisant gagner des lots, vous pouvez organiser vos jeux. Vous avez en revanche le droit de faire payer un droit d'entrée à condition que cet argent ne soit en aucune façon directement relié au jeu. Impossible par conséquent de le redistribuer aux vainqueurs. En revanche, il est possible de vous en servir pour acheter des lots.
Dernières précautions…
Imaginons que vous ayez organisé votre tournoi et que vous ayez pris toutes les précautions pour rester dans le strict cadre de la législation. Si les hommes de la brigade des jeux venaient à être informés de votre activité, il n'est pas exclu que vous subissiez une « descente » en règle. Voici quelques précautions qui peuvent vous « sauver la mise » :

- exigez un droit de participation pour chacun des joueurs afin de couvrir les frais de matériel, voire de restauration (boissons…) ;
- jouez toujours avec des jetons ;
- videz les poches de tous les participants de tout argent, même de la petite monnaie ;
- placez cet argent en sûreté, à l'écart des yeux indiscrets ;
- refusez systématiquement les joueurs que vous ne connaissez pas directement, vous-même ou l'un des participants.

POKER ET POLITIQUE

Aujourd'hui, en France, les relations entre le monde politique et le Poker sont relativement ambivalentes. En effet, d'un coté le jeu se heurte à une réglementation stricte et assez restrictive et de l'autre, le jeu n'en finit pas de s'afficher comme un sport branché et *hype*.

LE CAS DU FRANCE POKER TOUR

En France, on a beau mettre le Poker à l'honneur dans les médias, il reste encore dans le collimateur des services de justice et, par ricochet, des instances politiques. L'un des exemples les plus marquants de cet état de fait est sans aucun doute l'affaire du France Poker Tour.

Se présentant sous la forme d'un tournoi de Poker amateur, ce championnat a fait, dans son édition 2007, l'objet d'une enquête des services des Renseignements généraux (les fameux RG). L'un des soucis rencontrés était que la compétition était soutenue par un site suédois de paris en ligne, *Unibet*. Or, il est interdit en France de faire la moindre publicité pour un jeu de hasard ou une société qui en fait commerce.

En 2007, ce championnat français en était donc à sa troisième édition. Le succès était au rendez-vous puisque la compétition de 2006 avait rassemblé pas moins de 7 500 participants. Très peu de temps après les premières rencontres, Antoine Dorin, le président de la Fédération française des joueurs de Poker a été entendu par les RG. Il lui a été alors recommandé de cesser son activité, contre la menace d'une inculpation pour « complicité de tenue de maison de hasard ». La question qui se pose donc est de savoir si le Poker est « politiquement correct ou pas », à moins qu'il ne s'agisse d'autre chose…

PROTECTIONS DE MONOPOLES ?

Le milieu de la politique a toujours entretenu des relations équivoques avec les jeux de hasard. En effet, comment, d'un côté, comprendre et accepter que la publicité et l'annonce de tournois de Poker et autres jeux de hasard soient strictement interdites, alors que La Française des Jeux, en situation de monopole incontestable, ne cesse d'inciter les gens à jouer toujours plus et toujours plus nombreux ? Ce n'est pas véritablement différent en ce qui concerne les casinos puisque ces établissements, par définition interdits, n'existent que grâce à des dérogations délivrées à titre « exceptionnel ».

Quand on sait que les casinos subissent une pression fiscale relativement élevée qui ne cesse de croître depuis une vingtaine d'années (le prélèvement est passé de 45 à 56 % environ), on peut se demander si l'objectif ne serait pas, un jour ou l'autre, de voir les casinos fermer les uns après les autres. Cependant, il ne faut pas oublier que nous vivons aujourd'hui à l'heure de l'Europe et que la situation de monopole de La Française des Jeux se trouve dans la ligne de mire de la Commission européenne, qui soupçonne que les privilèges accordés par l'État à cette société de jeu (dont il détient tout de même 72 %) va à l'encontre des droits des opérateurs de jeux privés qui souhaiteraient investir ce marché, *via* Internet notamment. Mais la France n'est pas la seule à jouer à ce jeu, puisque pas moins de sept autres États membres sont concernés par ce genre d'enquêtes de la Commission européenne.

QUAND LES HOMMES POLITIQUES JOUENT AU POKER...

Certains hommes politiques ont affiché par le passé leur amour du Poker. C'est le cas notamment de Harry Truman, président des États-Unis de 1945 à 1953. On ne sait pas trop quand il a commencé à jouer, mais il a exercé les fonctions de juge dans le Missouri, ceci explique peut-être cela. Il a souvent joué au Poker dans des cercles d'amis, notamment sur le yacht présidentiel Williamsburg lors de petites croisières sur le Potomac. Il eut aussi une partie mémorable avec Churchill, venu outre-Atlantique en 1946. Dans le train de nuit qui les conduisait de Washington à Fulton (Missouri), la veille du célèbre discours où Churchill allait déclarer qu'un « rideau de fer » venait de s'abattre en Europe, le grand leader britannique a perdu une somme considérable au jeu, même si Truman avait calmé les autres joueurs à la table, bien décidés à « plumer le pigeon » Churchill…

Quand on visite le musée qui lui est consacré en Floride, à Key West, le Harry S. Truman Little White House, on peut admirer sa fameuse table de Poker, en joli bois précieux, pouvant se transformer facilement en table à thé plus discrète ! Mais nous pourrions dresser la liste des présidents des États-Unis joueurs de Poker car elle est longue : Washington, Jefferson, Lincoln, ou plus près de nous, Nixon, Eisenhower, George W. Bush ou Barack Obama.

LE POKER EN FRANCE

Après le point de vue législatif, nous vous proposons de dresser une sorte d'état des lieux du Poker en France. Casinos, championnats, joueurs… Nous allons voir quelle est aujourd'hui l'empreinte de ce jeu dans ce pays.

UNE MODE RÉCENTE…

Jusqu'au début des années 1990, le Poker est resté un jeu relativement confidentiel puis, avec l'arrivée d'Internet, le jeu a connu en France un premier essor notable. Cependant, le Poker reste encore pendant une dizaine d'années cantonné à un milieu de spécialistes et de joueurs, si ce n'est professionnels, du moins très avertis. Le véritable « boom » du Poker en France a eu lieu bien plus récemment, dans le milieu des années 2000, avec notamment la démocratisation de l'Internet haut débit et les retransmissions télévisées de compétitions.

QUI JOUE AU POKER AUJOURD'HUI EN FRANCE ?

On aurait tendance à répondre « tout le monde » ! En effet, même s'il demeure quelques typologies spécifiques pour les joueurs de haut niveau (et encore, celles-ci tendent à s'amenuiser…), les joueurs réguliers et, plus encore, les joueurs occasionnels présentent les profils les plus diversifiés. On compterait aujourd'hui environ 500 000 joueurs de Poker en France, un chiffre difficile à vérifier, car même s'il existe une fédération officielle nationale (la FFJP, pour Fédération française des joueurs de Poker), on ne peut qu'estimer le nombre de joueurs qui, aujourd'hui en France, pratiquent le jeu de manière plus ou moins régulière. On estime qu'il y avait environ 30 000 joueurs en 1998 et 110 000 en 2016. Il est également à noter que l'âge moyen des joueurs a considérablement baissé et serait passé de 40-45 ans de moyenne à 20-30 ans. Il s'agit de la génération des nouveaux médias et d'Internet. Après avoir « fait leurs armes » en regardant des retransmissions de championnats ou avoir connu leurs premières émotions en jouant en ligne, cette nouvelle génération de joueurs a eu envie de passer aux choses sérieuses et a poussé la porte du jeu « pour de vrai » …

LES RAISONS D'UN TEL SUCCÈS

Comme nous vous l'avons dit, la vraie « Pokermania » a débuté en France dans les années 2002-2003. Tout comme aux États-Unis, c'est avec l'arrivée des retransmissions télévisées que le jeu s'est démocratisé. En pouvant voir l'ensemble des cartes (grâce aux fameuses *hole cams* évoquées plus haut), les télespectateurs peuvent enfin comprendre les stratégies des différents joueurs et ainsi progresser eux-mêmes.

Un autre élément est à considérer, le fait que le Texas Hold'em se soit invité à la fête. En diminuant la part de hasard et donc de chance dans le jeu, le Poker a considérablement gagné en stratégie et a cessé, petit à petit, d'être considéré comme un simple jeu de hasard et de bluff. Il va sans dire que les nouveaux joueurs se sont passionnés pour cet aspect beaucoup plus stratégique du jeu. La variante de jeu proposée par le Texas Hold'em a véritablement participé à la démocratisation du jeu en apportant des règles très simples à comprendre, en équilibrant les chances des joueurs et en induisant une bonne part de psychologie.

LES « PEOPLE » S'Y METTENT !

Dernier facteur et non des moindres, la « pipolisation » du jeu. Chanteurs, acteurs, personnages politiques ou figures des médias, de plus en plus de personnalités ont fait en quelque sorte leur *coming out*. Même si tous n'ont pas le niveau d'un Patrick Bruel (vainqueur de l'un des 40 tournois du fameux World Series of Poker en 1998), beaucoup se plaisent à évoquer leur passion du jeu.

POKER SUR PAPIER

Début 2006, en plein boom du Poker, deux magazines ont vu le jour sur notre territoire, *Poker Magazine* et *Live Poker*. D'autres magazines, comme *Poker52* en 2008 et *Poker VIP* en 2009, les ont rejoints. Mais la rude concurrence (en particulier des sites d'actualité spécialisés sur Internet) a eu raison en 2012 de *Poker Magazine* et de *Poker VIP* qui ne paraissent plus.

UN VRAI BUSINESS ORGANISÉ

En effet, qui dit succès médiatique dit forcément profits, et quelques-uns l'ont bien compris. Sony BMG, éditeur du DVD de Patrick Bruel, en a sorti une version « collector » associant une mallette de 300 jetons et des jeux de cartes licencés World Poker Tour. Les 15 000 éditées sont toutes parties comme des petits pains ! Selon François Montmirel, spécialiste du Poker depuis plus d'une vingtaine d'années, les vrais passionnés de Poker se monteraient à environ 100 000 en France. Pour lui, ces aficionados seraient à même de dépenser environ 150 € par an en matériel (jetons, jeux de cartes, tapis, livres, magazines...). Ce qui donne tout de même un chiffre d'affaires potentiel de 150 millions d'euros !

LE POKER AU CANADA

Très proche voisin des États-Unis, le Canada n'a naturellement pas échappé à la Pokermania qui a déferlé sur l'Amérique et l'Europe et, tout comme en France, la vague est en train de toucher un public de plus en plus large. Jeunes et moins jeunes se prennent en effet d'une grande passion pour le jeu. Cependant, le Poker reste très réglementé au Canada et, comme en France, il ne peut pas être pratiqué aussi facilement que cela. Pour pouvoir s'adonner à leur passion, les mordus de cartes doivent souvent aller à l'étranger. Pourtant, des tournois sont régulièrement organisés et réunissent parfois plusieurs centaines de joueurs.

LÉGAL OU PAS ?

Le Québec n'a pas (ou pas encore ?) légalisé la pratique du Poker. Aussi, comme en France, la façon dont les tournois sont organisés par les amateurs influe directement sur leur légalité. La première règle est que personne ne doit profiter directement ou indirectement d'un tournoi, et ce, qu'il s'agisse des organisateurs ou bien des joueurs eux-mêmes.

Ces profits concernent non seulement les gains directs, qui sont interdits, mais aussi les droits d'entrée et même la recette éventuelle d'une buvette ou d'un bar installés sur place ! Si des gains étaient en effet réalisés, le lieu où se déroulent les parties pourrait être assimilé à un établissement de jeu illégal. Cela dit, l'organisation de jeux ou de compétitions privées sans qu'aucun argent ne circule à aucun moment est parfaitement tolérée.

VERS UNE LÉGALISATION ?

« Tant que le gouvernement ne prend pas une décision ferme, il laisse planer une zone grise », déclare André Boyer, le président de l'Association des joueurs de tournois de Poker du Québec (interview donnée à Charles Rooke, *Le Journal du Québec*, 3 avril 2006). Selon lui, l'économie québécoise ne pourrait que sortir gagnante d'une légalisation générale autorisant l'organisation de tournois de Poker dans la province. « En ce moment, les joueurs vont jouer sur Internet et cet argent se dirige vers des paradis fiscaux. Cet exode de capitaux pourrait être évité ». Cette analyse est plutôt brillante, si l'on considère que le montant d'argent échangé sur les casinos en ligne est d'environ 300 millions de dollars par an ! Le Poker représenterait plus de la moitié de cette somme impressionnante. Quant aux bénéfices, ils tourneraient entre 10 et 15 %, soit une marge des plus confortables.

LA PREUVE PAR LES CHIFFRES

« Lors d'un tournoi, à Québec par exemple, les bourses peuvent totaliser 30 000 $ et, à la fin, quand le champion a été couronné, les 30 000 $ restent au Québec. Cela n'aurait pas été le cas si les joueurs étaient allés jouer sur Internet », affirme André Boyer. « De plus, des gens sont venus d'un peu partout et ont loué des chambres d'hôtel à Québec. Si on légalisait le Poker, et que les sommes engagées étaient attractives, on pourrait accueillir des joueurs venant de l'extérieur du pays », ajoute encore celui qui est également un analyste du Poker au Réseau des Sports (RDS).

POUR OU CONTRE ?

Devant le fléau que peuvent représenter les machines de Vidéo Poker, certaines personnes estiment que la légalisation du Poker ne pourrait que contribuer à résoudre un problème de société.

L'Association des joueurs de tournois du Québec préconise que les tournois dans lesquels il serait impossible de perdre un montant supérieur aux frais d'inscription devraient être autorisés. Toujours selon elle, le gouvernement a fait une erreur en plaçant des appareils de loterie dans tous les bars et il est maintenant en train d'en faire une autre en empêchant la légalisation du Poker.

ENFANTS DE LA TÉLÉ

Tout comme aux États-Unis, en France ou en Europe, la popularité du Poker au Canada doit beaucoup à la télévision. La chaîne RDS retransmet régulièrement des tournois de Poker. Sur son site, www.rds.ca/poker, elle donne également les informations les plus récentes sur l'actualité du Poker, au Canada et dans le monde, mettant tout particulièrement en avant l'étape du World Poker Tour à Montréal.

LE POKER EN EUROPE

Si la France a légalisé les sites de Poker en ligne en 2010, tous les pays européens n'en ont pas fait autant. Certains ont anticipé le phénomène, comme par exemple l'Italie ou le Royaume-Uni. Les frontières intra-européennes étant ouvertes, Internet ayant fait son œuvre depuis de nombreuses années, il est devenu indispensable de trouver des règles qui puissent régir l'espace européen de manière à simplifier et harmoniser les différentes législations.

HARMONISER ?

Les choses ne sont cependant pas simples et si beaucoup d'États membres se disent favorables à ce type d'harmonisation, le consensus semble loin d'aboutir. Début 2015, Harrie Temmink, directeur adjoint de l'unité Services en ligne et Services postaux, de la direction générale Marché Intérieur et Services de la Commission Européenne a déclaré, lors de la convention ICE Totally Gaming qui s'est tenue à Londres : « Les opérateurs ont besoin de posséder une licence dans chaque pays où ils proposent leurs offres, sans pouvoir compter sur la reconnaissance d'une licence obtenue dans un autre pays européen. De leur côté, les États membres doivent s'assurer que leur système d'attribution des agréments soit non-discriminatoire ». La partie est donc loin d'être terminée…

VIVE ARJEL, BIEN SÛR…

Cet acronyme définit l'Autorité de régulation des jeux en ligne qui est chargée de mettre en place les moyens de régulation, d'information et de contrôle pour protéger les joueurs, prévenir de l'addiction au jeu et lutter contre la fraude. Cette instance a été créée en 2010 et elle publie quantité de données intéressantes que vous retrouverez sur son site officiel : www.arjel.fr. Parmi ces informations, une analyse du marché des jeux en ligne régulièrement mise à jour qui vous apprendra qu'au premier trimestre 2016, les mises engagées dans les « jeux de cercle » (dont fait partie le Poker) ont baissé de 7 % par rapport au premier trimestre 2015 (953 millions contre plus d'un milliard d'euros !). Si l'on compare avec les autres jeux de paris en ligne, ces mises restent 4 fois supérieures à celles des paris hippiques et 2 fois supérieures à celles des paris sportifs qui connaissent, quant à eux, une augmentation impressionnante de 47 % entre 2015 et 2016.

OÙ JOUER EN EUROPE

Le Poker en ligne n'est pas tout et si la France reste un pays où il est possible de trouver des tables de jeu physiques (casinos, tournois…), certains autres pays accueilleront également vos jetons avec grand plaisir. C'est le cas par exemple du Royaume-Uni qui profitait, depuis 2005, du Gambling Act, un texte issu du Parlement destiné à encadrer toutes les formes de jeux d'argent et de paris. Cela a été l'occasion de redynamiser les casinos physiques britanniques avec la création de pas moins d'une vingtaine de nouveaux établissements entre 2007 et 2010. L'accès est, comme en France, interdit aux moins de 18 ans. Une étude de 2012 a montré que pas moins de 10 millions de Britanniques ont joué à des jeux d'argent au cours de l'année, c'est-à-dire 68 % de la population majeure. En Italie, on a pu observer ces dernières années des « exils » de certains grands joueurs de Poker, se plaignant de systèmes trop régulés, trop fermés. C'est le cas de Dario Minieri, 31 ans, qui a trouvé refuge sur l'île de Malte, rejoignant ainsi deux de ses compatriotes, Filippo Candio et Mustapha Kanit. En Allemagne, le gouvernement cherche avant tout à lutter contre les addictions au jeu et il a pour cela mis au point un arrêté spécifique en 2008. Au Portugal, un texte a été voté en 2015, laissant augurer de perspectives assez favorables puisque le décret prévoit l'absence d'impôts payés par les joueurs sur les gains tant dans les paris en ligne que dans les établissements physiques. Ces impôts étant payés par les opérateurs et propriétaires de casinos, on peut néanmoins estimer que ce sont autant de gains qui ne seront pas redistribués aux joueurs… Vous l'aurez compris, les conditions de jeu varient considérablement d'un pays à un autre et tant que l'UE n'aura pas clairement pris position, il sera difficile de savoir exactement comment on peut jouer ici ou là.

EUROPEAN POKER TOUR

Initié en 2004 par John Duthie, lui-même ancien joueur de Poker professionnel britannique, cet European Poker Tour se déroule dans différents pays européens (Espagne, Malte et République Tchèque pour la saison 2015) et est rediffusé dans plus d'une trentaine de pays, touchant ainsi potentiellement près d'un milliard de téléspectateurs. En 2015, deux records ont été battus. Le premier concerne le nombre d'inscrits (près de 1 700 joueurs) et des gains de plus de 8 millions d'euros rien que pour l'étape espagnole de Barcelone !

Si vous souhaitez en savoir plus sur cet évènement, rendez-vous sur le site officiel de ce tournoi : www.europeanpokertour.com. Entièrement en français…

LE POKER EN ASIE

Le monde entier est touché par la vague Poker et l'Asie ne fait pas exception à cette règle. En 2005, le tournoi des World Series of Poker a sacré un joueur australien, ce qui a eu pour effet immédiat de déclencher l'intérêt de bon nombre de pays asiatiques pour le Poker. Les organisateurs de tournois auront bientôt compris la manne financière que peut représenter la conquête de ce vaste continent, une conquête par le jeu, bien entendu.

LE DERNIER TERRITOIRE À CONQUÉRIR

Nul économiste du jeu ne risque de se tromper en affirmant que l'Asie est le dernier continent à conquérir en matière de jeu d'argent et, plus spécifiquement, de Poker. Avec plus d'un milliard d'habitants en Chine et autant en Inde, on n'ose penser au nombre de joueurs que cela pourrait représenter. Sans parler du troisième milliard d'âmes dispersé sur le reste du continent. Le marché est à conquérir et tout reste à faire. En gagnant les contrées éloignées de l'Occident, le phénomène Poker prendrait enfin sa véritable dimension mondiale globale. On assiste actuellement à une première incursion en Chine par le biais d'Internet, mais les blocages techniques et les réticences morales des gouvernements restaient récemment encore relativement nombreux. Mais avec les Jeux Olympiques organisés en Chine en 2008, les frontières, même celles du web, ont tendance à s'assouplir.

POKER IN INDIA

L'Inde ne voit pas les choses autrement, même si elle possède quant à elle une demi-douzaine de casinos. Par tradition et de longue date, les autorités indiennes considèrent les jeux d'argent comme indésirables dans le pays. Le Poker ne fait donc pas véritablement partie de la culture indienne ou, devrait-on plutôt dire, n'en « faisait » pas partie. En effet, depuis les deux dernières années, les tournois se développent à grande vitesse, et l'un des plus importants est sans aucun doute l'Asian Poker Classic.
De nombreux tournois sont organisés depuis un peu partout, proposant parfois des sommes colossales pour le pays (plusieurs centaines de milliers de dollars). Pour autant, la législation encadrant le Poker en Inde reste complexe car l'Inde est constituée de différents États dans lesquels les lois peuvent être très différentes. Cela n'empêche pas que de ce pays ait émergé un joueur de renommée internationale, Aditya Agarwal, membre de la fameuse Team PokerStars.

SINGAPOUR, LE NOUVEL ELDORADO DES CASINOS

Singapour entend, depuis plusieurs années déjà, développer son marché du tourisme et le gouvernement a bien conscience du rôle que peuvent jouer les casinos et le Poker dans cet essor. Deux gigantesques casinos s'y sont implantés et enregistrent des recettes considérables, ce qui place Singapour à la troisième place du marché mondial des jeux d'argent derrière Macao et Las Vegas. Le Marina Bay Sands, détenu par Las Vegas Sands Corp, avec son Skypark et ses trois grandes piscines extérieures suspendues à plus de 200 mètres de haut, permet de jouer au Stud et au Three card Poker. Mais c'est le Casino Resort World Sentosa qui propose la seule Poker Room de Singapour (Texas Hold'em). Ces deux grands complexes sont conçus comme ceux de Las Vegas, avec des galeries marchandes immenses, des hôtels de plusieurs milliers de chambres, des spectacles à couper le souffle. Tout est fait pour que touristes et mordus des jeux puissent s'y retrouver avec plaisir. Mais attention ! la triche est là-bas passible d'années de prison ferme comme l'ont appris à leurs dépens deux croupiers du Three card Poker fin 2015.

ET LE RESTE DE L'ASIE ?

Suite à la libéralisation des restrictions en ce qui concerne les jeux et les casinos, la presqu'île de Macao a dépassé Las Vegas en termes de revenus issus des jeux de hasard.

Au Japon, les jeux d'argent et les casinos sont interdits. Une loi de libéralisation du jeu, appelée « Integrated Resorts », attend de passer devant l'Assemblée pour les légaliser avant les Jeux olympiques de 2020 et pouvoir ainsi ouvrir des casinos dès 2019, mais l'un des partis de la coalition au pouvoir, d'obédience bouddhiste, résiste contre le projet qui a été plusieurs fois différé et repoussé.

LE POKER EN AUSTRALIE

Bien que ce pays anglo-saxon soit situé à des milliers de kilomètres des tournois occidentaux, il n'en reste pas moins un fervent adepte du Poker, sous toutes ses formes. L'Australie accueille en effet un tournoi offrant 1 million de dollars de gains, l'Australian Poker League. L'engouement pour le jeu n'épargne donc véritablement personne et l'Australie ne fait pas exception.

ABSOLUTELY FREE... OU PRESQUE

L'une des caractéristiques notables de l'Australian Poker League (APL) est que la participation est entièrement gratuite. Pas de droits d'inscription à acquitter, ni aucun autre frais à débourser, si ce n'est le voyage pour nous autres Européens ! Pour participer, il suffit de s'inscrire sur le site de la League (www.playapl.com). Par ailleurs, la compétition est ouverte à absolument tout le monde, quel que soit son niveau. Ainsi, au cours des premières étapes de qualification, se côtoient joueurs professionnels, joueurs confirmés ou parfaits débutants. Ensuite, ce sont naturellement l'expérience et l'adresse tactique au jeu qui font la différence et opèrent une sorte de sélection naturelle. Comment ce tournoi est-il par conséquent financé ? Principalement grâce à la participation d'un sponsor depuis 2005 , Wild Turkey, une marque de bourbon.

LE SAVIEZ-VOUS ?

En 2005, c'est un joueur australien, Joseph Hachem, qui a remporté le fameux World Series of Poker. Sa victoire lui a rapporté la bagatelle de 7,5 millions de dollars, un véritable record ! Il lui aura fallu pour cela battre plus de 5 500 joueurs ! Fort d'une expérience incontestable, le joueur de Melbourne s'est ensuite installé aux États-Unis.

ET SANS ARGENT ?

Certains pubs d'Australie ont commencé au milieu des années 2000 à être gagnés par la fièvre du Poker. Ouvertes à tous, aux joueurs amateurs comme aux joueurs professionnels, des compétitions s'y pratiquent avec des jetons sans valeur, sans échange d'argent. Au moins deux ligues nationales se sont créées en 2005, sans compter les initiatives locales : la National Poker League et la National Pub Poker League. Ce n'est pas pour autant qu'il n'y a pas de prix puisque des voyages, des voitures et des sommes en cash sont mis en jeu pour les gagnants. Le succès est au rendez-vous et les tournois de ce genre se multiplient sur l'ensemble du territoire australien.

LES CASINOS EN AUSTRALIE

Vous savez certainement que l'Australie est un pays d'une taille gigantesque et que sa densité de population n'est pas très élevée. Il ne faut donc pas s'attendre à trouver des casinos à chaque coin de rue. Cependant, il semble que les Australiens aiment vraiment beaucoup les jeux d'argent et de hasard puisque l'on trouve un grand nombre d'occasions de parier sur des événements en tout genre (sportifs…).

Le pays compte plus d'une centaine de casinos alors que l'on en dénombrait moins d'une vingtaine il y a une dizaine d'années. La plupart propose aux joueurs des tables de Poker. L'un des plus emblématiques est sans aucun doute le SkyCity Casino récemment rebaptisé Adelaide Casino après une rénovation qui a coûté plus de 300 millions de dollars. C'est le seul établissement non seulement de la ville mais de l'État d'Australie du Sud. Ainsi, les joueurs viennent de loin pour jouer et c'est pourquoi le casino reste ouvert 24 heures sur 24, 7 jours sur 7. Tous les jeux de casino les plus classiques y sont représentés, ainsi que le Stud Poker. En tout, pas moins de 70 tables de jeu attendent les joueurs et leurs mises. Mais, comme c'est très souvent le cas dans les casinos du monde entier, ce sont les machines à sous qui sont les plus nombreuses. L'établissement en compte en effet près d'un millier d'unités ! Le casino d'Adélaïde a ouvert ses portes en 1985 et il est resté la propriété de l'État jusqu'en 2000, date à laquelle il a été revendu au SkyCity Entertainment Group, une société basée à Auckland (Nouvelle-Zélande). L'une des particularités de ce casino tient au bâtiment qu'il occupe puisqu'il s'agit de trois étages du bâtiment historique de la gare ferroviaire de la ville.

LES JEUX DE CARTES EN AUSTRALIE

On joue donc au Poker en Australie, mais cela n'a rien à voir avec le jeu de cartes national connu sous le nom de Five Hundred. Ce jeu se joue avec un jeu de 52 cartes, auquel on a retiré les 2, les 3 ainsi que les deux 4 de couleur noire, et avec un Joker. Ce jeu a été cependant inventé aux États-Unis et ses règles ont été déposées au tout début du XXe siècle. Il s'agirait d'un dérivé de l'Euchre, un jeu populaire au Canada et aux États-Unis. Autre jeu abondamment pratiqué, le Crazy Eight, qui connaît de nombreuses variantes et dans lequel il faut tout faire pour se débarrasser des cartes que l'on a en main. Dans ces deux jeux, il n'est pas question, *a priori*, de jouer de l'argent.

QUEL AVENIR POUR LE POKER ?

On le constate depuis plusieurs années, les « people » ont fait incursion dans l'univers du Poker, et ce dans pratiquement tous les pays du monde. En France, c'est sans aucun doute l'acteur et chanteur Patrick Bruel qui est à cet égard la figure la plus connue. Aux États-Unis, de nombreuses stars de cinéma, de la télévision ou de la chanson, ont dévoilé leur passion plus ou moins récente pour le Poker. On peut, par exemple, citer George Clooney, Ben Affleck, Brad Pitt ou bien encore Matt Damon.

DE LA BRUELMANIA À LA POKERMANIA...

... il n'y a qu'un pas ! Grand habitué de certains cercles de jeu, vainqueur en 1998 d'un des tournois du World Series of Poker, Patrick Bruel est devenu en quelque sorte « l'ambassadeur » du Poker en France. Au moment du « boom » de ce jeu, il a co-présenté une émission sur la chaîne Canal Plus, qui a non seulement su rencontrer son public mais fait des émules puisque, depuis lors, différentes chaînes se sont également mises à proposer des émissions sur le Poker.

UNE PRÉSENCE MÉDIATIQUE

Aujourd'hui, il existe quelques émissions entièrement dédiées au Poker. Parmi elles, citons l'une des plus suivies, Direct Poker, diffusée de 2006 à 2012 de manière hebdomadaire. Elle n'aura cependant pas survécu au rachat de sa chaîne de diffusion, D8, par le groupe Canal Plus. L'engouement pour ce type de programmes étant néanmoins réel, une autre émission, diffusée cette fois sur NRJ 12 a pris le relais depuis 2011, Cash or Play. Cette émission s'est notamment fait remarquer pour les anecdotes des candidats, exposées en début de programmes, qui ont été souvent reprises dans différents zapping tant elles pouvaient être saugrenues. À noter, d'autres émissions proposées dans des bouquets de chaînes payantes, moins « grand public » mais toujours suivies par un grand nombre de passionnés.

VÉRITABLE PASSION OU EFFET DE MODE ?

En voyant toutes ces célébrités avouer leur passion, ou tout au moins leur attirance pour le Poker, on est en droit de se poser les questions suivantes : sont-ils vraiment des joueurs de Poker, comme peut l'être par exemple Patrick Bruel, ou bien n'est-ce

là qu'une stratégie pour faire parler un peu plus de soi, une pratique que beaucoup de « people » n'hésitent pas à utiliser de temps à autre ? Cela peut évidemment varier d'une personnalité à l'autre. Ce qui est certain, c'est qu'il est bien loin le temps où l'on associait le Poker avec le « milieu » et l'argent facile, voire illégal. Aujourd'hui, jouer au Poker est très « tendance » et véhicule certainement un message. Sinon, pourquoi aller jouer devant les caméras et se donner en spectacle devant des dizaines de milliers de téléspectateurs ?

STARS DES CARTES

En France, le Poker n'est pas encore suffisamment entré dans les mœurs pour que les meilleurs joueurs puissent être élevés au rang de « stars ». Les champions sont connus dans le milieu du Poker mais pas vraiment en dehors. Au contraire, aux États-Unis, les champions connaissent une notoriété bien plus grande, un peu à l'image des grands champions sportifs. Il faut dire que les compétitions et les championnats y sont à la fois plus importants et plus nombreux, de même que la médiatisation du jeu *via* la télévision, notamment. La France et l'Europe suivront-elles le même chemin ? Beaucoup de signes semblent l'indiquer… Le Poker moderne a acquis toutes les caractéristiques d'un sport cérébral avec ses champions et ses compétitions internationales.

BORN IN THE USA

Aux États-Unis, cela fait longtemps que les stars du show business jouent au Poker et ont avoué leur passion pour ce jeu. Voici donc quelques noms de personnalités bien connues pour leur amour du Poker !

BEN AFFLECK

Acteur américain, né en Californie en 1972, révélé, entre autres, dans *Will Hunting* (1997) aux côtés de Matt Damon, il a également joué dans *Shakespeare in love* (1998) et *Pearl Harbor* (2001) ou *Players* (2012). Joueur de Poker confirmé, ses prestations au jeu lui ont rapporté un peu plus de 350 000 $.

MATT DAMON

Grand ami de Ben Affleck, cet acteur américain est né en 1970 dans le Massachusetts. Après avoir abandonné ses études à Harvard, il se lance dans sa carrière d'acteur. Il a joué dans de nombreux films comme *Il faut sauver le soldat Ryan*, *Dogma*, *Ocean's Eleven*, *Twelve* et *Thirteen* ou bien encore dans *Les Infiltrés*. Il participe très régulièrement à de nombreux tournois et a suivi une formation intensive auprès de la star du Poker, Phil Hellmuth.

TOBEY MAGUIRE

Bien que ce ne soit pas son premier film, loin de là, l'acteur Tobey Maguire a été révélé au grand public pour son rôle éponyme dans le film *Spiderman*. Né en 1975 en Californie, il est encouragé par sa mère à poursuivre une carrière d'acteur. Brillant devant les caméras, il l'est également autour d'une table de Poker puisqu'il remporte, en 2004, le premier prix du No Limit Hold'em 2004 National Championship of Poker, à Los Angeles. De même, il participe très régulièrement à différents tournois, dont le fameux World Series of Poker.

93

LE MYTHE DU POKER AU CINÉMA

Poker et cinéma… quand on écrit ces deux mots, c'est toute l'histoire des États-Unis que l'on voit défiler…

Dans les pages qui suivent, nous avons sélectionné une vingtaine de films qui ont encore amplifié le mythe du Poker et du jeu en général. Mais ils sont en réalité très nombreux à choisir l'univers du jeu comme toile de fond d'affrontements psychologiques. Il faut dire que le cinéma et le Poker sont liés dès l'origine…

Sur le berceau du cinéma balbutiant, deux fées se sont penchées : elles ont pour nom Far West et Poker. D'un côté, en cette fin de XIXe siècle, la légende de l'Ouest est en marche avec les colons, les légendaires convois de bétail, les pistes de Santa Fe, les cow-boys et les *outlaws* (« hors-la-loi ») ; de l'autre, le Poker a commencé sa carrière chez les belligérants de la guerre de Sécession, dans les saloons et les bateaux à vapeur qui remontent le Mississippi.

Quand le pionnier du cinéma américain, Thomas Edison, choisit ses premiers sujets de films, il va puiser dans les mythes américains les plus exaltants et cela nous donne le premier western de l'histoire du cinéma : *Poker at Dawson City*, en 1898. Ce n'est pas une vaste épopée, car le film dure approximativement… une minute ! Mais le tenancier du bar s'empare d'un syphon d'eau de Seltz et en arrose copieusement les joueurs de 5-Card Stud surchauffés par les enjeux…

Nous ne savons presque rien des films aux noms évocateurs de la même époque : *A Game of Poker* (1913), *Billy Plays Poker* (1913), *Ma and Pa Play Poker* (1914), ou encore *Poker Faces* (1926), mais leurs seuls noms nous indiquent bien que le Poker a commencé très tôt sa prometteuse carrière cinématographique !

ACES AND EIGHTS

SYNOPSIS

Un tricheur décide de venir en aide à une famille mexicaine.

L'HISTOIRE

Tim Madigan est un joueur de Poker professionnel qui réussit à démasquer un tricheur ayant abusé de Jose Hernandez. Plus tard, le tricheur est retrouvé mort et l'on pense immédiatement que c'est Tim l'assassin. Le marshall Tom Barstow décide alors d'inculper Tim qui trouve refuge dans la famille de Don Hernandez et de sa fille, Juanita, sans savoir qu'il s'agit de la famille de Jose. Parallèlement, le propriétaire du saloon et le joueur Ace Morgan, tous deux présents lors de la partie qui a précédé le meurtre, souhaitent plus que tout mettre la main sur le ranch des Hernandez. Pour cela, ils comptent bien utiliser un faux titre de propriété. Tim subit la pression du marshall qui tente de démêler le vrai du faux dans cette affaire de meurtre. Tim participe ensuite à une nouvelle partie de Poker dans laquelle il gagne suffisamment d'argent pour racheter le ranch Hernandez. Il confirmera sa victoire avec une double paire d'As et de 8, d'où le nom du film.

Titre du film : *Aces and Eights*

Année : 1936

Pays : États-Unis

Réalisateur : Sam Newfield

Genre : Western

Durée : 62 minutes

Casting : Tim Mac Coy, Luana Walters, Wheeler Oakman, Rex Lease…

COMMENTAIRE

Il est à noter que la main *Aces and Eights* est appelée *Dead Man's Hand* (le jeu du mort) au Stud Poker. Cette référence remonte à l'époque où James Butler « Wild Bill », compagnon de Calamity Jane, fut assassiné par Jack Mac Call à Deadwood, le 2 août 1876 dans le Dakota, alors qu'il était en possession de cette combinaison.

LES AFFRANCHIS

Titre du film : *Les Affranchis (Goodfellas)*

Année : 1990

Pays : États-Unis

Réalisateur : Martin Scorcese

Genre : Drame

Durée : 145 minutes

Casting : Robert De Niro, Joe Pesci, Ray Liotta, Lorraine Bracco, Paul Sorvino…

SYNOPSIS

La vie « difficile » de caïds de la mafia italo-américaine que rien ne semble pouvoir arrêter, à part peut-être la brigade des stupéfiants.

L'HISTOIRE

Depuis son plus jeune âge, Henry Hill ne rêve que d'une seule chose : devenir un gangster et faire partie de la mafia. Né d'un père irlandais et une mère sicilienne, il évolue dans un milieu peu recommandable. Dès l'âge de 14 ans, il devient l'un des hommes de main de Paulie Cicero et commence à « apprendre le métier ». Associé à Jimmy Conway et à Tommy de Vito, il participe à différents casses et larcins en tout genre. L'une des grandes spécialités de ce trio infernal est le *hijacking* (détournement) de camions, sans négliger pour autant le cambriolage d'entrepôts. Ces frasques sont ponctuées de séjours en prison jusqu'au jour où les choses se compliquent avec notamment le meurtre d'un chef de bande rivale.

COMMENTAIRE

Ce film de Martin Scorcese est un pur chef-d'œuvre dans lequel le Poker ne tient pas une place prépondérante, mais on y trouve une partie mémorable, qui tourne mal… La distribution est exceptionnelle avec un coup de chapeau particulier à Robert de Niro qui excelle dans son rôle de gangster gentleman. À noter : le scénario est adapté d'une histoire vraie.

ARNAQUE, CRIMES ET BOTANIQUE

SYNOPSIS

Eddie, fils de barman, est un petit génie des cartes. Mais quand il joue à la table du plus grand truand de la ville, les embrouilles commencent…

L'HISTOIRE

Quatre copains, Eddie, Tom, Soap et Bacon ont chacun économisé 10 000 £ pour qu'Eddie puisse participer à la partie de Poker organisée par Harry « La Hache », un truand notoire. Ce qu'ils ne savent pas, c'est qu'Harry La Hache a truqué la partie. Si bien qu'en plus des 40 000 £ perdues, les quatre amis se retrouvent face à une dette de 500 000 £. Comment rembourser une telle somme ? En braquant une petite bande de voyous hyperviolents, les voisins de Soap !

COMMENTAIRE

Point de départ du film, le Poker y tient une place centrale. À noter, c'est Sting qui joue le rôle du père d'Eddie.

Titre du film :
Arnaque, crimes et botanique (Lock, Stock and Two Smoking Barrels)

Année : 1998

Pays : Grande-Bretagne

Réalisateur : Guy Ritchie

Genre : Comédie

Durée : 107 minutes

Casting : Nick Moran, Jason Statham, Jason Flemyng, Vinnie Jones…

L'ARNAQUE

Titre du film : *L'Arnaque (The Sting)*

Année : 1973

Pays : États-Unis

Réalisateur : George Roy Hill

Genre : Comédie dramatique

Durée : 129 minutes

Casting : Paul Newman, Robert Redford, Robert Shaw, Charles Durning, Eileen Brennan...

SYNOPSIS

Comme son nom l'indique, ce film met en scène une formidable arnaque dans l'environnement du monde des jeux de hasard et des paris.

L'HISTOIRE

Nous sommes à Chicago, en 1936. Coleman et Hooker, deux jeunes voyous, dévalisent, sans savoir qui il est, l'un des hommes de main d'un gangster new-yorkais notoire, Doyle Lonnegan. Coleman ne résiste pas bien longtemps à la chasse à l'homme organisée par Lonnegan pour retrouver les assassins de son sbire, et il est abattu. Son acolyte, Hooker, trouve refuge chez Henry Gondorff, un grand maître de l'arnaque. Tous deux vont décider de venger la mort de Coleman en mettant sur pied une incroyable arnaque dont le but est de ruiner complètement le roi de la pègre new-yorkaise, Lonnegan. Hooker va ainsi se faire passer pour un *bookmaker* capable de connaître à l'avance le résultat de courses de chevaux. *Quid* du Poker dans le film ? Tout simplement une splendide scène de jeu dans laquelle un face-à-face oppose justement Hooker et Lonnegan.

COMMENTAIRE

Rendu extrêmement célèbre par ses deux têtes d'affiche, ce film a également démocratisé un ragtime de Scott Joplin, *The Entertainer*, plus communément appelé *L'Arnaque*, en raison du succès du film. Le film a par ailleurs obtenu plusieurs Oscars en 1973, dont celui du meilleur film.

ASSO

Titre du film : *Asso*

Année : 1981

Pays : Italie

Réalisateurs : Franco Castellano et Giuseppe Moccia

Genre : Comédie

Durée : 90 minutes

Casting : Adriano Celentano, Edwige Fenech, Renato Salvatori, Sylva Koscina, Pippo Santonastaso…

SYNOPSIS

Asso, un champion de Poker, est assassiné lors de sa nuit de noces, apparemment parce qu'il aurait plumé un joueur plutôt mauvais perdant…

L'HISTOIRE

Asso est plutôt un homme heureux. Il aurait même tendance à faire confirmer le fameux adage « heureux au jeu, malheureux en amour » puisque, étant un joueur de Poker plutôt chanceux, il ne survit pas à son mariage ou plus exactement à sa nuit de noces. Un de ses adversaires n'a, de toute évidence, pas apprécié de perdre au jeu contre lui. Cependant, lorsqu'il est sur le point de franchir les portes du paradis, le responsable des lieux se mesure à Asso en disputant ce que ce dernier pense être son ultime partie. Eh bien, pas vraiment ! Puisqu'une fois de plus, le champion de Poker en ressort victorieux. En récompense, il est renvoyé parmi les vivants, non pas dans son enveloppe charnelle originale mais sous la forme d'un fantôme. Sa mission n'est pas vraiment des plus faciles puisqu'il doit tout mettre en œuvre pour réussir à trouver un mari à son épouse, devenue veuve le jour de ses noces. Seulement, monsieur le fantôme est un peu difficile et aucun prétendant ne semble pouvoir faire l'affaire…

COMMENTAIRE

Ce film n'est probablement pas le meilleur du genre mais il se laisse regarder sans trop de difficultés.

BENNY & JOON

SYNOPSIS

Une jeune femme mentalement déficiente s'éprend d'un homme qui se prend pour Buster Keaton…

Titre du film :
Benny et Joon

Année : 1993

Pays : France

Réalisateur : Jeremiah S. Chechick

Genre : Comédie

Durée : 98 minutes

Casting : Johnny Depp, Mary Stuart Masterson, Julianne Moore, Adrian Quinn…

L'HISTOIRE

L'histoire se passe dans une petite ville. Jeune mécanicien auto, Benny a la charge de sa petite sœur, handicapée mentale, Joon. Benny est également amateur de Poker et, un beau jour, au cours d'une partie, il fait la connaissance de l'ami de l'un de ses adversaires, du nom de Sam. Il se retrouve contraint de l'héberger et le moins que l'on puisse dire, c'est que lorsqu'il arrive chez Benny et Joon, le personnage fait grande impression avec ses manières et ses airs d'un autre âge. Il semble en réalité qu'il ait décidé d'imiter le célèbre acteur du début du siècle, Buster Keaton. Sans que Benny n'ait rien fait pour cela et ne s'en soit même aperçu le moins du monde, Sam et Joon se retrouvent très fortement attirés l'un par l'autre. Lorsque Benny découvre la relation qui est train de naître, cela crée un véritable remue-ménage entre lui et sa sœur…

COMMENTAIRE

Benny et Joon n'est certainement pas le film le plus connu avec Johnny Depp mais il y est drôle, attachant et très touchant.

BROTHERS IN THE SADDLE

Titre du film : *Brothers in the Saddle*

Année : 1949

Pays : États-Unis

Réalisateur : Lesley Selander

Genre : Western

Durée : 60 minutes

Casting : Richard Martin, Tim Holt, Steve Brodie, Virginia Cox, Carol Forman…

SYNOPSIS

Un joueur de Poker invétéré est sauvé *in extremis* d'une partie qui a mal tourné… Commencent alors les vrais problèmes…

L'HISTOIRE

Steve Taylor est un joueur de Poker qui succombe très régulièrement à son addiction en utilisant l'argent de sa fiancée. Un jour, il se retrouve au beau milieu d'une partie qui dégénère et le conduit à tuer un homme, certes en état de légitime défense, mais tout de même ! L'homme en question était en outre un tricheur. Sorti du saloon où viennent de se dérouler les faits par son frère Tim, Steve est rapidement considéré comme coupable, une accusation qui ne pourra être contredite que par le témoignage de Flora Trigby, la fille du saloon. Seul problème, elle est partie au Mexique. Lorsque Tim retrouve Flora et la ramène auprès de Steve pour recueillir son témoignage, il découvre que ce dernier s'est débarrassé de son principal accusateur, faisant de lui un véritable tueur de sang-froid. La situation se complique alors sérieusement. Il va falloir à Tim plus que de la chance et de la détermination pour réussir à tirer son frère de ce mauvais pas…

COMMENTAIRE

Ce western est à classer dans les films de série B mais il reste intéressant tout de même car il sort des sentiers battus et des usages de ce genre de films…

CALIFORNIA SPLIT

SYNOPSIS

Des joueurs compulsifs vont disputer la partie de Poker de leur vie, après moult péripéties dans différents établissements de jeux et lieux de paris…

L'HISTOIRE

Bill Denny et Charlie Walters sont deux joueurs compulsifs. Ils sont prêts à risquer tout ce qu'ils possèdent, et même davantage, sur n'importe quel type de pari. Tout naturellement, cette addiction les mène parfois à des situations extrêmes. Victimes d'une succession de malchances lors d'un voyage à Tijuana (au Mexique), il ne reste aux deux hommes plus beaucoup d'options pour se sortir de ce mauvais pas. C'est alors que tous deux décident de se rendre à Reno pour jouer une partie de Poker on ne peut plus décisive.

COMMENTAIRE

Un film relativement méconnu de Robert Altman, où l'on retrouve l'acteur américain Jeff Goldblum, encore assez jeune. Il est probable qu'à travers ce film, Altman ait désiré faire partager sa vision, voire même son expérience de joueur puisque lui-même était bien connu pour son penchant pour le jeu. On trouve dans ce long-métrage de nombreux exemples de situations complexes, voire peu enviables dans lesquelles peuvent se retrouver les joueurs…

Titre du film : *California Split*

Année : 1974

Pays : États-Unis

Réalisateur : Robert Altman

Genre : Comédie dramatique

Durée : 108 minutes

Casting : Elliott Gould, George Segal, Edward Walsh, Ann Prentiss, Barbara Ruick…

CASINO ROYALE

SYNOPSIS

Alors qu'il prend ses aises dans son château écossais, Bond est rappelé pour déjouer une menace internationale…

Titre du film : *Casino Royale*

Année : 1967

Pays : États-Unis

Réalisateurs : John Huston, Val Guest, Ken Hugues…

Genre : Comédie policière

Durée : 130 minutes

Casting : Peter Sellers, David Niven, Orson Welles, Ursulla Andress, Joanna Pettet…

L'HISTOIRE

M vient de mourir et alors qu'il a pris sa retraite, Bond est rappelé pour arrêter Smersh et « Le Chiffre » dans leurs plans machiavéliques. Pour cela, il va lui falloir les battre autour d'une table de baccara. Bond est introduit sur les lieux par l'agent Mimi, qui tombe instantanément amoureuse de lui… On découvre également Mata Bond, une fille illégitime qu'il aurait eue avec la célèbre Mata Hari, et qui va tenter d'aider son père dans son entreprise. Autre membre de la famille, un petit Jimmy Bond (Woody Allen !) qui fera ce qu'il pourra…

COMMENTAIRE

Casino Royale est le premier de la série de romans de Ian Fleming ayant James Bond pour héros. Dans le genre comédie policière parodique pleine de kitsch et de ridicule contrôlé, on a rarement vu mieux… On pense que Mike Myers (*Austin Powers*) s'est largement inspiré de ce film. Il n'est pas vraiment question de Poker dans ce film mais son atmosphère décalée dans l'univers du jeu méritait qu'il soit cité.

CASINO ROYALE

Titre du film : *Casino Royale*

Année : 2006

Pays : États-Unis

Réalisateur : Martin Campbell

Genre : Espionnage

Durée : 144 minutes

Casting : Daniel Craig, Mads Mikkelsen, Judi Dench, Eva Green…

SYNOPSIS

Le célèbre agent secret britannique doit affronter le banquier d'une organisation terroriste, surnommé « Le Chiffre », au cours d'une partie de Poker.

RÉSUMÉ

James Bond vient juste d'être promu agent 00, c'est-à-dire habilité à tuer. Sa première enquête le mène sur un projet d'attentat à l'aéroport de Miami. « Le Chiffre », banquier d'organisations terroristes, pour faire une juteuse opération financière, veut faire exploser un nouveau prototype d'avion. C'est sans compter sur Bond qui déjoue tous les complots. « Le Chiffre », excellent joueur de Poker, décide alors d'organiser une partie de No Limit Texas Hold'em dont le droit d'entrée est fixé à 10 millions de dollars au Monténégro. Avec dix joueurs autour de la table et 5 millions de recave possible, c'est une partie à 150 millions de dollars d'enjeu qui se prépare. Bond, accompagné de Vesper Lynd, qui représente le Trésor britannique, participe à la partie.

COMMENTAIRE

Dans ce James Bond, le Poker parvient à détrôner les scènes d'actions traditionnelles dans le registre du suspens, même si les mains jouées dans les parties sont un peu caricaturales.

FOLLOW THE BITCH

Titre du film : *Follow the Bitch*

Année : 1996

Pays : États-Unis

Réalisateur : Julian Stone

Genre : Comédie

Durée : 86 minutes

Casting : Ray Porter, David Teitelbaum, Bion Luther, Michael Cudlitz…

SYNOPSIS

Sur toile de fond de Poker, une femme va s'inviter dans un monde du jeu où les hommes sont rois…

L'HISTOIRE

Ils sont célibataires, ils aiment le Poker et se retrouvent chaque semaine pour y jouer, entre « mâles »… jusqu'au jour où l'un d'entre eux décide d'inviter Liz, une femme ! Faisant une entorse à leur règlement de table de jeu, les joueurs acceptent cette « nouveauté » et quelle n'est pas leur surprise lorsqu'ils découvrent qu'elle joue bien, même très bien ! Au-delà du simple fait que les parties ne s'annoncent pas gagnées d'avance face à ce nouvel adversaire féminin, loin de là, l'ambiance entre les garçons se complique et certaines révélations se font jour. Il semblerait en effet que Ty et Gordon, deux des joueurs, entretiennent une relation avec les petites amies des autres joueurs. Dans ces conditions, le Poker prend un tout autre sens et il devient de plus en plus difficile de conserver le rituel de leurs parties régulières…

COMMENTAIRE

Gai et divertissant, ce film offre une autre vision du monde du Poker que celui des salles de jeu ou bien des arrière-salles de cafés enfumées. On se trouve en effet ici dans le cadre d'un cercle de jeu privé, rarement représenté au cinéma. Il n'est pas non plus aussi fréquent de voir une femme qui joue au Poker, et encore moins une femme qui gagne…

FOUR DOGS PLAYING POKER

SYNOPSIS

On peut jouer beaucoup de choses aux cartes, autres que de l'argent. Et pourquoi pas sa vie ?

L'HISTOIRE

Quatre amis se rendent à une réception de mariage mais ils ont autre chose en tête que simplement se gaver de petits fours ou bien danser jusqu'à l'aube. Aidés par Félix, un champion de la fauche, ils ont pour objectif le vol d'une statuette et pas n'importe laquelle puisqu'il ne s'agit rien de moins que d'un Degas. Ils parviennent à leurs fins mais, comble d'infortune, ils perdent la statue. Le problème est que ce larcin leur avait été commandité par un trafiquant d'œuvres d'art et que ce dernier leur réclame à présent la somme d'un million de dollars en compensation de cette statuette sans quoi ils s'exposent à des représailles plutôt définitives... La seule solution qui s'offre à eux est de souscrire, chacun, une assurance sur la vie et que l'un d'entre eux meure. Et pour savoir qui sera la victime de ce jeu macabre et qui sera son bourreau, ils utilisent des cartes à jouer...

COMMENTAIRE

Le scénario est intéressant même si le film n'est pas exceptionnel. Dommage que le Poker annoncé dans le titre n'ait jamais lieu. Certes il y a bien une distribution de cartes mais il ne s'agit en aucun cas de Poker...

Titre du film : *Four Dogs playing Poker*

Année : 2000

Pays : États-Unis

Réalisateur : Paul Rachman

Genre : Thriller

Durée : 97 minutes

Casting : Balthazar Getty, Olivia Williams, Arly Jover, Jason Sairns, Daniel London...

LE GENTILHOMME DE LA LOUISIANE

SYNOPSIS

Deux joueurs professionnels tentent d'introduire un peu d'honnêteté dans les jeux sur les bateaux à vapeur du Mississippi.

L'HISTOIRE

John Polly et Mark Fallon sont deux partenaires de jeu qui ont à cœur de jouer sans aucune forme de tricherie et qui ont bien l'intention de mettre un peu d'ordre sur le Mississippi et les bateaux à vapeur qui le parcourent. Cette volonté n'est évidemment pas pour plaire à de nombreux escrocs professionnels qui ont mis leur talent au service du mensonge et du vol. Une femme, Angélique Dureau, ne porte pas non plus les deux joueurs dans son cœur car l'un d'eux a été jusqu'à gagner son collier au Poker. Un peu plus tard, Fallon devient l'ami du père d'Angélique mais la belle jeune femme continue à le dédaigner pour ce qu'il est et reste à ses yeux : un joueur professionnel qui s'enrichit avec le jeu.

COMMENTAIRE

Ce film de 1953 est le troisième à porter ce nom avec, pour chaque film le précédant, une histoire différente. Filmé en technicolor, ce long-métrage est très emblématique de l'âge d'or du cinéma américain, en outre le premier produit par la société de Tyrone Power, lui-même.

Titre du film :
Le Gentilhomme de la Louisiane (The Mississippi Gambler)

Année : 1953

Pays : États-Unis

Réalisateur : Rudolph Mate

Genre : Aventures

Durée : 99 minutes

Casting : Tyrone Power, Julie Adams, Piper Laurie, Paul Cavanagh, Ron Randel

LE GENTLEMAN DE LONDRES

Titre du film : *Le Gentleman de Londres (Kaleidoscope)*

Année : 1966

Pays : États-Unis

Réalisateur : Jack Smight

Genre : Policier

Durée : 103 minutes

Casting : Warren Beatty, Susannah York, Clive Revill…

SYNOPSIS

Un escroc de haut vol truque la fabrication de cartes pour gagner à coup sûr…

L'HISTOIRE

Quand on veut être sûr de gagner des parties de Poker, il faut être soit un excellent joueur doté d'un peu de chance tout de même, soit un joueur mauvais ou moyen et compenser cette lacune par une grande dose de chance, soit un tricheur ! C'est de toute évidence cette troisième solution qu'a retenue le héros de ce film, Barney Lincoln, qui a réussi à marquer le dos des cartes utilisées par les casinos lors de leur fabrication à l'usine. Résultat, le lascar enchaîne victoire sur victoire et alors qu'il ne compte plus ses gains tant ils sont nombreux, il est remarqué par Angel, une jeune femme qui va s'éprendre de lui. Seul petit détail qui n'en est pas un, elle est la fille d'un inspecteur de police. Arrivera ensuite l'inévitable, le papa policier découvrira le pot-aux-roses et demandera à Barney Lincoln de travailler pour lui. Il a en effet besoin d'aide pour réussir à ruiner un malfrat en disputant une partie de Poker…

COMMENTAIRE

L'idée de ce scénario est excellente et originale. Marquer des cartes lors de leur fabrication en usine, il fallait oser ! Le film est à la hauteur de ses prétentions, avec un Warren Beatty très convaincant.

GROS COUP À DODGE CITY

SYNOPSIS

Un père de famille est sur le point de perdre toutes les économies de son foyer sur un coup de Poker mais la chance revient et c'est sa femme qui devra prendre la suite du jeu…

L'HISTOIRE

Un homme, sa femme et son fils arrivent dans la ville de Laredo pour y investir dans une exploitation agricole. Seulement voilà, dès son arrivée, il apprend qu'une partie de Poker est en cours et que l'un des hommes les plus riches de la ville est présent autour de la table. Se laissant facilement tenter par la perspective de gains considérables, il décide de participer à la partie, engageant toutes les économies de la famille, à l'insu de son épouse. Le problème, c'est qu'il ne se révèle pas un très bon joueur de Poker. À un moment critique du jeu, il est victime d'une crise cardiaque et lorsque son épouse revient, elle trouve une situation pour le moins embarrassante et n'a pas d'autre choix que de prendre la place de son mari qui, ironie du sort, venait enfin de recevoir des cartes exceptionnelles. Seul petit problème, elle ne sait absolument pas jouer…

COMMENTAIRE

Ce film est considéré par les amateurs de Poker et de cinéma comme l'un des meilleurs du genre. On notera la présence d'Henry Fonda, Joanne Woodward et de Paul Ford. À voir absolument si vous aimez un tant soit peu le Poker…

Titre du film :
Gros coup à Dodge City
(A Big Hand for the Lady)

Année : 1966

Pays : États-Unis

Réalisateur : Fielder Cook

Genre : Western

Durée : 95 minutes

Casting : Henry Fonda, Jason Robards, Joanne Woodward, Paul Ford, Charles Bickford

HAVANA

Titre du film : *Havana*

Année : 1990

Pays : États-Unis

Réalisateur : Sidney Pollack

Genre : Comédie dramatique

Durée : 140 minutes

Casting : Robert Redford, Lena Olin, Daniel Davis, Alan Arkin, Thomas Milian…

SYNOPSIS

Alors qu'il prévoit d'organiser une grande partie de Poker à Cuba, un joueur professionnel rencontre une femme dont il tombe amoureux…

L'HISTOIRE

L'action se déroule en 1958. Joueur de Poker professionnel, Jack Weil est sur le point d'organiser une grande partie de Poker à La Havane. Sur le bateau qui le conduit à Cuba, il fait la rencontre de Roberta dont il tombe presque instantanément amoureux. Les choses ne sont cependant pas aussi simples et l'idylle romantique est de courte durée puisqu'il se trouve que Roberta est mariée à un révolutionnaire cubain. Roberta et son mari Arturo sont arrêtés et même torturés par le pouvoir en place. Arturo est ensuite déclaré mort alors qu'il tentait de s'évader et Jack parvient à libérer Roberta. Un dilemme cornélien se pose alors au joueur professionnel qui doit se décider : soit prendre part à la révolution en poursuivant son aventure avec sa dulcinée, soit participer à la partie de Poker de sa vie . Bien qu'habitué à faire des choix, les bons de préférence, cet homme est cette fois confronté à un véritable dilemme.

COMMENTAIRE

Avec ce film, le couple Redford/Pollack n'en est certes pas à son coup d'essai. Doté d'une esthétique très réussie et d'une ambiance très particulière, *Havana* nous livre un Robert Redford au mieux de son art.

LES JOUEURS

Titre du film : *Les Joueurs (Rounders)*

Année : 1998

Pays : États-Unis

Réalisateur : John Dahl

Genre : Drame

Durée : 121 minutes

Casting : Matt Damon, Edward Norton, Paul Cicero, John Turturro…

SYNOPSIS

Encore une histoire d'argent et de jeu… Deux ingrédients qui ne sont pas toujours compatibles avec le mariage et l'amitié…

L'HISTOIRE

Mike McDermott ne se contente pas d'étudier le droit, il est aussi un jeune joueur professionnel de Poker Texas Hold'em. Mais un soir il perd tout dans une partie qui l'oppose à Teddy KGB. Sur les injonctions de sa femme, Jo, il abandonne le Poker. Mais pour aider son meilleur ami, « l'Asticot », qui sort de prison et a besoin d'argent, il va être obligé de reprendre du service et de se remettre au Poker…

COMMENTAIRE

Film mythique des accros du Texas, le DVD bénéficie d'une piste son de commentaire, où quatre joueurs de Poker professionnels (Johnny Chan, Phil Hellmuth, Chris Ferguson et Chris Moneymaker) livrent leurs analyses !

LUCKY YOU

SYNOPSIS

Un joueur de Poker se confronte aux meilleurs dans les plus grands tournois et tente également de régler ses problèmes personnels.

Titre du film : *Lucky You*

Année : 2007

Pays : États-Unis

Réalisateur : Curtis Hanson

Genre : Drame

Durée : 122 minutes

Casting : Eric Bana, Drew Barrymore, Robert Duvall…

L'HISTOIRE

Le lieu ? Las Vegas. Huck Cheever est réputé dans le milieu du Poker professionnel comme étant capable de prendre les plus grands risques. Parallèlement, il montre dans sa vie personnelle la plus grande prudence. Capable de tout perdre sur le tapis vert, il se préserve de toute déception potentielle et évite ainsi de s'investir sentimentalement dans la moindre relation. L'action se déroule en 2003 et Huck s'est inscrit à un Tournoi International de Poker. Il compte bien l'emporter et, par la même occasion, se montrer sous son meilleur jour à la jolie chanteuse Billie Offer. Cependant, il va se retrouver face à un adversaire des plus inattendus, son père ! Un père qu'il n'a pas revu depuis sa plus tendre enfance. L'enjeu des parties dépasse très rapidement les simples mises et, pour une fois, Huck réalise que, pour l'emporter, il va peut-être devoir modifier sa stratégie…

COMMENTAIRE

Ce film ne fera probablement pas date mais il permet aux deux acteurs principaux que sont Eric Bana et Robert Duvall de donner lieu à des échanges intéressants. Les parties de Poker sont clairement le centre de l'action, à réserver aux mordus du jeu !

LUNE DE MIEL À VEGAS

SYNOPSIS

Un joueur professionnel tente de reconquérir le sosie de sa femme…

L'HISTOIRE

Jack Singer est un détective privé qui s'est fait une spécialité du flagrant délit des couples en état d'adultère. Il est fiancé à Betsy, une ravissante jeune femme qu'il se refuse toujours à épouser car il craint de s'engager. Cette réticence lui vient de sa mère qui, sur son lit de mort, lui a fait jurer de ne jamais se marier. Après quelques années de vie commune, la relation amoureuse commence à se dégrader et Jack réalise que s'il n'épouse pas Betsy rapidement, celle-ci risque de mettre un terme définitif à leur relation. Il décide donc de partir avec elle à Las Vegas afin de l'épouser en moins de temps qu'il n'en faut pour le dire. Tout serait simple si, lors de leur arrivée dans la capitale du jeu de hasard, ils ne tombaient pas nez à nez avec Tommy Corman, un joueur professionnel, également truand, qui reste subjugué par Betsy. Il retrouve en effet en elle le sosie parfait de son épouse défunte peu de temps auparavant. Aussitôt, Corman se met en tête de tout faire pour la conquérir et pour cela, il s'arrange pour que Jack perde 65 000 $ au jeu ! Il propose ensuite au couple d'effacer cette dette contre un week-end avec Betsy…

COMMENTAIRE

Gentille comédie dans laquelle le Poker est utilisé comme outil de conquête amoureuse. Le duo Nicolas Cage/Sarah J. Parker fonctionne à merveille…

Titre du film :
Lune de miel à Vegas
(Honeymoon in Vegas)

Année : 1992

Pays : États-Unis

Réalisateur : Andrew Bergman

Genre : Comédie

Durée : 96 minutes

Casting : Nicolas Cage, James Caan, Sarah Jessica Parker, Peter Boyle, Anne Bancroft…

LE KID DE CINCINNATI

Titre du film : *Le Kid de Cincinnati (The Cincinnati Kid)*

Année : 1965

Pays : États-Unis

Réalisateur : Norman Jewison

Genre : Drame

Durée : 102 minutes

Casting : Steve McQueen, Edward G. Robinson, Ann Margret, Karl Malden…

SYNOPSIS

Un joueur de Poker récemment arrivé sur le circuit des joueurs professionnels va tenter de se mesurer au champion en titre de la discipline…

L'HISTOIRE

Le Kid, ainsi est appelé ce joueur de Poker occasionnel mais plutôt doué, dont l'ambition est certaine. L'histoire se déroule à La Nouvelle-Orléans, dans les années 1930. Un beau jour, Larsey Howard débarque en ville. L'homme n'est autre qu'un champion de Poker surnommé « Le Maître ». Le Kid se dit qu'il tenterait bien sa chance face à ce joueur soi-disant imbattable. Outre le titre de champion, une forte somme d'argent est en jeu. Cependant le combat risque d'être inégal puisqu'il semble que le donneur ait été influencé, par le biais d'un chantage, pour truquer le jeu. Il faut dire qu'au-delà des enjeux directs liés à la partie et aux joueurs qui vont la disputer, de nombreux paris ont été engagés sur l'issue du jeu. Lequel sera un Stud Poker à cinq cartes.

COMMENTAIRE

Le scénario de ce film, entré dans la légende, n'est ni original ni novateur. On peut même dire qu'il ressemble assez à celui de *The Hustler*, sorti en 1961 et avec Paul Newman. Avec ce long-métrage, Steve McQueen a tenté de devenir plus célèbre que son grand rival Paul Newman. Ce film est également connu pour avoir connu de nombreuses difficultés au niveau des équipes de réalisation et de production, mais il est devenu culte pour les amateurs de Poker.

MAVERICK

Titre du film : *Maverick*

Année : 1994

Pays : États-Unis

Réalisateur : Richard Donner

Genre : Western/Comédie

Durée : 127 minutes

Casting : Mel Gibson, Jodie Foster, James Garner, James Coburn, Graham Greene, Alfred Molina…

SYNOPSIS

Le plus grand joueur de tout l'Ouest américain a besoin d'argent pour pouvoir participer à un prestigieux tournoi de Poker et il est prêt à tout pour en trouver…

L'HISTOIRE

Aussi adroit avec une arme qu'avec des cartes à jouer, Bret Maverick doit absolument trouver les 3 000 $ qui lui font défaut afin de pouvoir participer au tournoi Winner Take All Poker qui doit commencer quelques jours plus tard. Il commence par essayer de gagner au jeu et de recouvrer quelques dettes en cours. C'est à bord du bateau qui le mène à la compétition qu'il fait la connaissance de l'élégante Annabelle Bransford, une jeune femme à l'étrange accent du Sud qui, d'un côté, se comporte en parfaite aguicheuse et, de l'autre, refuse toutes ses avances. Zane Cooper, un shérif peu amateur de jeu est aussi du voyage, un voyage qui s'annonce pour le moins aventureux avant de pouvoir enfin accéder à la compétition ultime qui les attend…

COMMENTAIRE

Ce film descend en droite ligne de la série américaine des années 1950 du même nom. Il est à noter que l'on y retrouve James Garner, qui jouait également dans la série, ainsi qu'un autre grand nom du western américain, James Coburn.

LA MAIN QUI VENGE

SYNOPSIS

Un *bookmaker* à la retraite abuse de la crédulité d'un homme, ce qui ne sera pas du goût du frère de ce dernier…

L'HISTOIRE

Danny Haley est un organisateur de paris qui a cessé son activité et, de ce fait, se retrouve face à un grand besoin d'argent. Lorsqu'il rencontre Arthur Winant, il comprend bien qu'il tient là le pigeon idéal pour gagner facilement et rapidement de l'argent au jeu. Il réussit ainsi à le persuader de participer à toute une série de parties de Poker au cours desquelles Arthur Winant va perdre la somme globale de 5 000 $. Le problème est que cet argent engagé ne lui appartient pas. Voyant qu'il s'est placé dans une situation financière plus que délicate, il se donne la mort par pendaison. Malheureusement pour ceux qui ont abusé de la crédulité d'Arthur Winant, ce dernier avait un frère qui, après avoir découvert son corps sans vie, va décider de le venger, sans attendre les résultats de l'enquête de police. Il faut dire que le grand frère, Sidney, a passé quelques années en hôpital psychiatrique pour criminels dangereux.

COMMENTAIRE

Il s'agit d'un film très noir qui aurait également pu s'appeler « La vengeance est un plat qui se mange froid »…

Titre du film :
La Main qui venge (Dark City)

Année : 1950

Pays : États-Unis

Réalisateur : William Dieterle

Genre : Drame

Durée : 98 minutes

Casting : Charlton Heston, Dean Jagger, Viveca Lindfors, Lizabeth Scott, Jack Webb…

OCEAN'S ELEVEN

Titre du film : *Ocean's Eleven*

Année : 2002

Pays : États-Unis

Réalisateur : Steven Soderbergh

Genre : Action

Durée : 117 minutes

Casting : George Clooney, Julia Roberts, Brad Pitt, Matt Damon, Andy Garcia, Don Cheadle...

SYNOPSIS

L'histoire d'un coup monté incroyable pour dévaliser plusieurs casinos...

L'HISTOIRE

Danny Ocean sort à peine de prison et il entend bien remettre le couvert... Son objectif est clair : dévaliser en même temps trois des plus gros casinos de Las Vegas, le Mirage, le Bellagio et le MGM Grand. L'enjeu est bien évidemment financier, puisque les cambrioleurs devraient, s'ils réussissent, repartir avec un butin de 150 millions de dollars, mais pas seulement. Les trois casinos appartiennent tous à un seul et même homme, Terry Benedict qui a « volé » la petite amie de Danny Ocean, Tess, et que ce dernier voudrait bien récupérer par la même occasion. Pour donner à ce « casse du siècle » toutes les chances de réussir, Danny rassemble une équipe d'une dizaine de malfrats, chacun ayant sa propre spécialité dans laquelle il excelle. De l'acrobate au spécialiste des systèmes de sécurité en passant par un expert en explosifs, tout est minutieusement préparé pour ne laisser que bien peu de place au hasard et à l'improvisation.

COMMENTAIRE

Pas de partie de Poker à proprement parler dans ce film, mais un casting incroyable et l'ambiance des casinos américains comme si vous y étiez...

PLAYERS

Titre du film : *Players*

Année : 2013

Pays : États-Unis

Réalisateur : Brad Furman

Genre : Thriller

Durée : 92 minutes

Casting : Justin Timberlake, Ben Affleck, Gemma Arterton, Anthony Mackie...

SYNOPSIS

Un étudiant finance ses études en jouant au Poker en ligne...

L'HISTOIRE

Ce film est l'un des seuls à notre connaissance à prendre pour sujet le Poker en ligne. Richie est donc étudiant et, pour payer ses frais de scolarité, il a trouvé un bon système : jouer – plutôt bien – au Poker en ligne. Malheureusement, la chance tourne et le jeune homme perd tout ce qu'il possède. Convaincu qu'il a fait l'objet d'une escroquerie en ligne, il décide de partir pour le Costa Rica, là où le propriétaire du site, Ivan Block, se trouve. Une fois sur place, Richie tombe sous l'influence de cet Ivan dont les projets dans le business du jeu « trafiqué » en ligne n'ont pas de limite. Le jeune homme saura-t-il résister à cet argent facile ?

COMMENTAIRE

Un très bon thriller qui prend le Poker pour prétexte d'un scénario plein de suspens et de rebondissements. Ben Affleck et Justin Timberlake sont justes et très convaincants.

POKER

SYNOPSIS

Parties de Poker et dettes de jeu ne peuvent pas mener à la sérénité, c'est en tout cas ce que va découvrir l'héroïne de ce film.

Titre du film : *Poker*

Année : 1988

Pays : France

Réalisateur : Catherine Corsini

Genre : Drame

Durée : 90 minutes

Casting : Caroline Cellier, Pierre Arditi, Jean-Philippe Ecoffey, François Berléand…

L'HISTOIRE

Le problème avec le Poker, comme d'ailleurs avec beaucoup d'autres jeux d'argent, c'est que l'on peut parfois perdre beaucoup d'argent en peu de temps, et ce même lorsque l'on est un excellent joueur. C'est précisément ce que va découvrir Hélène. Exerçant le métier de guide pour touristes, Hélène nourrit une passion immense pour le jeu et pour le Poker en particulier. Considérée comme une très bonne joueuse, ce qu'elle est, par ses multiples partenaires de jeu, on lui a même donné un surnom, pour le moins explicite : « La Tueuse » ! Un soir, alors qu'elle dispute une partie comme souvent elle en a eu l'occasion, elle cède à un coup de folie et n'a plus le dessus. Elle perd une forte somme d'argent qu'elle ne possède pas. Tonio, un patron de bar, est son débiteur et il lui accorde 24 heures pour la trouver. Hélène n'est pas habituée à ce genre de situation et elle va très vite découvrir que ses amis, en tout cas les personnes qu'elle considérait comme tels, vont rapidement lui tourner le dos. Acculée et sans autre option, elle ne peut pas faire autrement que de voler la somme d'argent à son propre frère. Le problème, et ce qu'elle ne sait pas, c'est qu'elle va le mettre dans une position très délicate. Heureusement, un autre joueur va venir l'aider et la soutenir, Duke.

COMMENTAIRE

Les films sur le Poker dans lesquels l'héroïne est une femme ne sont pas légion et en plus, lorsqu'il s'agit d'un film français, on est carrément dans le domaine du très, très rare… Ce film n'a pas véritablement marqué les esprits bien que l'on puisse saluer les performances des acteurs principaux, Caroline Cellier et Pierre Arditi.

129

DICTIONNAIRE DES JOUEURS

A

ABÉCASSIS, MICHEL
(né en 1952), France

Michel Abécassis est né en 1952 à Oran en Algérie. Il exerce d'abord le métier de médecin, puis en 1989, il s'oriente vers le journalisme pour devenir le rédacteur en chef adjoint du magazine *Elle*. Très fort joueur de bridge (treize fois champion de France et deux titres de champion d'Europe), il rédige également une chronique hebdomadaire sur ce jeu au *Nouvel Observateur*.

Michel Abécassis se lance dans le Poker en 1997, et il remporte plusieurs petits tournois en France. Il termine premier en 2002 du Tournoi des championnats du monde WCOOP sur Internet en Pot Limit Texas Hold'em et deuxième dans la même compétition mais en Omaha Hi-Lo.

Deux fois quatrième au WSOP (2001 et 2003), Michel remporte deux victoires et une deuxième place aux EFOP (Euro-Finales Of Poker) en 2004. Il remporte également le Tournoi des As diffusé sur la chaîne Paris Première en 2006 et 2007.

Consultant et commentateur de Poker pour Eurosport et RTL 9, il contribue au développement du Poker en animant avec Patrick Bruel le forum gratuit Wam-Poker qui attire près de 900 000 membres en 2010.

En 2010, il devient le directeur éditorial du site Winamax.fr et intègre la team pro Winamax aux côtés de Patrick Bruel et Kool Shen.

Michel Abécassis est également l'un des fondateurs en 1997 de l'ALIS, l'Association du locked-in syndrome, consacrée à une maladie neurologique rare.

B

BENYAMINE, DAVID
(né en 1972), France

David Benyamine est né en 1972 à Paris. Doué pour le tennis, il commence une carrière professionnelle, mais des problèmes de dos l'empêchent d'atteindre son rêve. Il se tourne alors vers le billard et est classé parmi les dix meilleurs joueurs français.

Joueur de Poker depuis l'enfance, David décide d'arrêter le billard en 1998 pour se consacrer au Poker. Il remporte ainsi l'étape française du World Poker Tour, le Grand Prix de Paris, en 2003 et repart avec 357 000 € de gains. En 2005, il gagne la Battle of Champions du WPT.

Spécialiste du Omaha Pot-Limit, il remporte un bracelet WSOP en 2008. Régulièrement dans les places payées des grands tournois, il a engrangé plus de 7 millions de dollars de gains en tournois. Il fait partie des habitués du Big Game du Bellagio.

BINION (FAMILLE)
États-Unis

La famille Binion est LA famille incontournable du Poker de ces 40 dernières années. Il y a d'abord Benny, le père. Ce Texan né en 1904, propriétaire du célèbre Binion's Horseshoe, était l'ami des plus grands joueurs comme Johnny Moss, Doyle Brunson ou « Amarillo Slim » Preston. C'est lui qui eut l'idée de créer les World Series en 1970. Il meurt en 1989 laissant les rênes du tournoi à son fils Jack.

Jack est né en 1937. Il devient le manager du Horseshoe dès 1963, à l'âge de 26 ans ! Également grand joueur de Poker, il

entre au Poker Hall of Fame en 2005. Quant à Becky, la fille, fâchée avec le reste de la famille, elle a mené le Horseshoe à sa perte en le reprenant après Jack, mais sans y apporter la moindre rigueur dans la gestion. Elle a dû le revendre.
Enfin, dans la famille Binion, il y a Ted. Né en 1943, c'est le vilain petit canard de la famille. Sa passion pour le jeu, ses relations troubles avec la mafia de Las Vegas, son goût pour la fête, et surtout la drogue, lui valent toutes sortes d'ennuis judiciaires : dès 1964, une affaire de fraude fiscale lui interdit toute activité liée au jeu dans l'État du Nevada. En 1986, c'est pour trafic de drogue qu'il est arrêté ! Il est retrouvé mort en 1998, dans sa maison de Las Vegas suite à une overdose. L'enquête conclura au suicide. Après sa mort, les enquêteurs retrouveront un véritable trésor caché dans une cave creusée sous l'une de ses propriétés en plein désert : plusieurs tonnes de pépites en argent, des milliers de jetons du Horseshoe et une importante collection de pièces de monnaie censée, elle aussi, se trouver dans les coffres du Horseshoe ! L'estimation de ce trésor varie entre 7 et 14 millions de dollars ! De quoi jeter le trouble sur la thèse officielle…

BLOCH, ANDY
(né en 1969), États-Unis

Joueur de black jack et de Poker, Andy Bloch est né en 1969. Lors de ses études au MIT (Massachusetts Institute of Technology), il est membre de l'équipe de black jack de l'école. Cette équipe, dirigée par un professeur de mathématiques, apprend à compter les cartes pour connaître les probabilités d'obtenir du sabot la carte désirée. Cette équipe accumule les victoires et les gains jusqu'à ce que tous les casinos du monde leur refusent l'accès à leur table. Cette histoire est retracée dans le livre *Bringing Down the House*.
Andy a remporté l'Ultimate Poker Challenge et a fini deuxième en 2006 du tournoi le plus élitiste du Poker, le H.O.R.S.E. (5 types de jeux joués tour à tour). En 2006, Andy et 6 autres joueurs professionnels attaquent en justice l'organisation du WPT (World Poker Tour) pour violation de l'acte antitrust Shermann et interférence dans les contrats des joueurs avec d'autres organisations. En 2012, il remporte l'épreuve du $ 1 500 Seven-Card Stud, empochant ainsi son premier bracelet.
Généreux, Andy reverse très souvent une partie de ses gains à des associations de bienfaisance. En juin 2015, ses gains en tournois de Poker dépassent 5 millions de dollars.

BRUEL, PATRICK
(né en 1959), France

Patrick Bruel est né en 1959 à Tlemcen (Algérie). À l'indépendance de l'Algérie en 1962, sa famille s'installe à Argenteuil. Doué pour le football, Patrick rêve de carrière professionnelle, mais ses parents préfèrent le lycée Henry IV à un centre de formation. À seize ans, il assiste à un concert de Michel Sardou et décide de devenir chanteur.
Mais c'est comme acteur qu'il se fera connaître du public dans le film, sorti en 1979, *Coup de Sirocco* d'Alexandre Arcady. Après un passage au théâtre, il chante « Marre de cette nana-là » qui sera un très grand succès. Il enchaîne alors les tournages avec les plus grands réalisateurs et sort l'album *Alors regarde* en 1989. Dès lors, Patrick Bruel devient un phénomène médiatique, on parle même de « Bruelmania ».
Passionné de Poker depuis son enfance (il jouait son argent de poche avec ses camarades de classe), Patrick se lance dans le Poker professionnel après un voyage à Las Vegas. Il remporte ainsi le titre WSOP (champion du monde) en 1998 dans la catégorie $ 5 000 Limit Hold'em.
Il devient très vite l'icône du Poker en France grâce notamment au succès de son DVD *Poker Coach*. Consultant pour la télévision dans la retransmission du World Poker Tour,

il anime également le forum Wam-Poker et co-dirige le site Winamax. Patrick Bruel a remporté plus de 1,5 million de dollars dans les différents tournois de Poker.

BRUNSON, DOYLE
(né en 1933), États-Unis

Véritable légende du Poker, Doyle Brunson est l'un des joueurs au plus gros palmarès. Il domine le milieu du Poker professionnel depuis plus de 40 ans.

Doyle Brunson est né en 1933, à Longworth, petite ville du Texas. Très sportif et passionné d'athlétisme, il prend l'habitude de courir de grandes distances. Jouant également au basket-ball, il est sélectionné dans l'équipe des All State Texas qui recense les meilleurs basketteurs texans. Il est repéré par les célèbres Lakers, mais une blessure au genou l'oblige à arrêter sa carrière de sportif. Jouant au Poker Draw (fermé) pour son plaisir, Doyle ne sait pas encore quel destin l'attend. Il reprend ses études et obtient un diplôme universitaire d'administration. En 1955, il trouve un emploi de vendeur d'équipements de bureau. Mais lors d'une partie de Stud Poker, il remporte en trois heures plus d'un mois de salaire...

Il démissionne alors de son travail pour se consacrer au Poker. Dans un premier temps, il s'associe avec son ami Dwayne Hamilton et joue dans les parties illégales de Fort Worth. Puis il rencontre les professionnels Slim et Roberts qui le convainquent de déménager à Las Vegas.

Il gagne en 1976 et en 1977 le titre de champion du monde de Poker (WSOP) avec la même main : full des 10 par les 2, donnant à cette main le nom de « Doyle Brunson ». Cette célébrité acquise, il écrit un livre, *Super System*, considéré encore aujourd'hui comme la bible du Poker. Cet ouvrage influencera plusieurs générations de joueurs.

Son palmarès est impressionnant, le $ 5000 Deuce to Seven Draw en 1977, le $ 1000 Seven-Card Stud Split en 1977, le $ 5000 Seven-Card Stud en 1978, le $ 600 Mixed Doubles en 1979, le $ 2500 No Limit Hold'em en 1991, le $ 1500 Seven-Card Razz en 1998, le $ 2000 H.O.R.S.E. en 2003 et le $ 5000 No Limit Shorthanded Texas en 2005.

Il remporte donc en 2005 son dixième bracelet WSOP et rejoint Johnny Chan au rang des joueurs à 10 bracelets WSOP. Doyle Brunson est également connu pour ses paris sur des événements. Il a parié notamment un million de dollars qu'il réussirait à perdre 50 kg. Pari qu'il a gagné...

C

CARO, MIKE
(né en 1944), États-Unis

Mike « Mad Genius » Caro est un joueur professionnel, théoricien du Poker et écrivain américain. On lui doit de nombreux ouvrages sur le Poker, traduits dans de nombreux pays. Il est également le créateur de la première école permanente de Poker : la Mike Caro University of Poker, Gambling and Life Strategy. Ses compétences en mathématiques en ont fait le consultant préféré des grands casinos de Las Vegas. Il a également été rédacteur en chef de la célèbre revue *Poker Players Magazine*.

CERNUTO, JOHN
(né en 1944), États-Unis

« Miami » John Cernuto est né dans le New Jersey en 1944. Il étudie à l'Université de l'État de Floride, où il obtient un diplôme de finance. Apres ses études, il devient contrôleur aérien, mais

la grève de 1981 lui coûte son emploi (comme 11000 autres contrôleurs) par décision du président Ronald Reagan.
Sans emploi, John tente sa chance au Poker. Il arrive à sa première table finale des World Series of Poker en 1989 au $ 5000 Seven-Card Stud. Et il remporte son premier bracelet en 1996 au Seven-Card Stud Hi-Lo. L'année suivante, il remporte un second bracelet dans la catégorie $ 2000 No Limit Hold'em. En 2002, il gagne un troisième bracelet ($ 1500 Limit Omaha) et s'impose l'année suivante dans le World Heads-Up Poker Championship.
Ses gains au Poker dépassent les 5,5 millions de dollars.

CHAN, JOHNNY
(né en 1957), Chine, États-Unis

C'est le plus célèbre des joueurs de Poker et l'un des plus titrés. Sa renommée et son palmarès forcent l'admiration.
Johnny « Orient Express » Chan est né en 1957 à Canton en Chine. Il suit ses parents et déménage en 1963 à Hong Kong, puis en 1968 à Phœnix (États-Unis) et enfin en 1973 à Houston où ses parents possèdent des restaurants. Johnny peut suivre ses études d'hôtellerie à l'Université de Houston et reprendre l'affaire familiale, mais il préfère partir pour Las Vegas tenter sa chance au Poker.
Il remporte son premier bracelet WSOP en 1985 au $ 1000 Limit Hold'em (gain de 171000 $). Mais il atteint la notoriété avec ses deux victoires aux championnats du monde WSOP en 1987 et 1988. En 1989, Jerry Buss, propriétaire des Lakers, lui promet une bague du championnat NBA s'il remporte une troisième fois de suite le championnat du monde WSOP. Mais Johnny échoue en finale contre le jeune Phil Hellmuth. Il remporte en 1994 le $ 1500 Seven-Card Stud et en 1997 le $ 5000 Deuce to Seven Draw. En 2000, il gagne le $ 1500 Pot Limit Omaha et en 2002, le $ 2500 No Limit Hold'em Gold Bracelet Match Play. En 2003, il remporte deux tournois ($ 5000 No Limit Hold'em et le $ 5000 Pot Limit Omaha).
D'un style très agressif, Johnny Chan n'est pas du genre modeste. Voici ce qu'il déclare au sujet d'« Amarillo Slim » Preston (vainqueur WSOP en 1972) : « Il ne pourrait même pas s'asseoir à côté de moi, je le boufferais tout cru. »
Comme Doyle Brunson, il remporte son dixième bracelet WSOP en 2005 ($ 2500 Pot Limit Hold'em). En plus d'être une star dans le milieu du Poker, Johnny Chan a joué son propre rôle aux cotés de Matt Damon et Edward Norton dans le film *Les Joueurs* (*Rounders*).

CLOUTIER, THOMAS JAMES
(né en 1939), États-Unis

Thomas James Cloutier est né en 1939 en Californie. Pendant ses études à l'Université de Californie, Thomas est un fort joueur de base-ball et de football mais des problèmes financiers l'obligent à abandonner ses études. Il s'engage alors dans l'armée et y découvre le Poker.
De retour à la vie civile, Cloutier est engagé dans l'équipe de football les Alouettes de Montréal, puis il rejoint les Argonautes de Toronto. Mais une blessure l'éloigne trop longtemps des terrains pour qu'il puisse revenir à son meilleur niveau.
Il se lance dans le Poker au début des années 1980 et il remporte son premier bracelet WSOP en 1987 ($ 1000 Limit Omaha) après une seconde place au Main Event en 1985. Cloutier remporte deux bracelets en 1994 ($ 1500 Limit Omaha 8 or better et le $ 2500 Pot Limit Hold'em). En 1998, il gagne un quatrième bracelet ($ 2500 Pot Limit Omaha).
Les années suivantes lui ont permis d'élever son total de titres WSOP au rang de six bracelets, car il a remporté le $ 1500 Razz en 2003 et le $ 5000 No Limit Hold'em en 2005.
T.J. Cloutier a accumulé plus de 10 millions de dollars de gains dans les tournois de Poker.

D

DANDOLOS, NICHOLAS ALIAS « NICK LE GREC »
(1883-1966), Grèce

Issu d'une famille crétoise aisée, diplômé de philosophie, Nicholas a 18 ans quand son grand-père l'envoie aux États-Unis. Toute sa vie, celui qu'on surnommera bien vite « Nick le Grec », sera un joueur compulsif, pariant sur tout : dés, cartes, combats, courses... Avec lui, l'argent circule et change de main à grande vitesse : on raconte qu'un jour, après avoir gagné 500 000 $ aux courses, il les perdit aussitôt aux dés et aux cartes ! On estime qu'au cours de sa vie, Nick Dandolos a joué plus de 500 millions de dollars ! À la fin de sa vie, pratiquement ruiné, alors qu'il dispute une partie de $ 5 Limit Draw, un joueur lui demande quel effet cela lui fait d'être assis à cette table alors qu'il a participé à des parties où des millions de dollars étaient en jeu, Nick répond simplement : « Ça c'est de l'action, non ? ».
Dans le film *Arnaque, crimes et botanique*, Guy Ritchie lui rend hommage en donnant son nom à l'un des personnages du film.

DUKE, ANNIE
(née en 1965), États-Unis

Diplômée de psychologie, Annie fait ses premières armes au Poker dans une petite ville du Montana sous la tutelle de son frère, Howard Lederer. En 1994, avec son mari, elle déménage à Las Vegas et commence une carrière de joueuse professionnelle. En 2000, elle finit aux portes de la table finale du Main Event des WSOP (10e place) alors qu'enceinte de 8 mois, elle attend son troisième enfant. Mais c'est en 2004 que la carrière de « la Duchesse du Poker » prend un nouveau tournant. Grâce à ses conseils, l'acteur Ben Affleck remporte le Championnat de Californie de Poker ! Annie devient la joueuse courtisée par tous les sponsors. En 2006, elle remporte son premier bracelet WSOP en Omaha Hi-Lo. Annie Duke refuse de participer aux tournois réservés aux femmes, elle considère que « le Poker est l'un des seuls sports où les femmes sont sur un pied d'égalité avec les hommes ».
Plus douée au Poker qu'en affaires, elle participe à la création de l'éphémère Epic Poker League en 2011 (banqueroute l'année suivante). Cela ne l'empêche pas de briller aux WSOP où elle a terminé 38 fois dans l'argent !

E

ELEZRA, ELI
(né en 1960), Israël

Eli Elezra est un joueur de Poker israélien qui vit aujourd'hui à Las Vegas. Il était militaire dans une unité de commando et a été blessé. Lorsqu'il s'est installé au Nevada en 1988, il a fondé l'un des premiers labos photo de développement express et a fait d'excellentes affaires.
Valeur sûre du circuit, il remporte des titres comme le 2004 Mirage Poker Showdown du World Poker Tour (WPT). C'est aussi un joueur d'Omaha et de Seven-Card Stud Hi-Lo : c'est dans cette dernière catégorie qu'il a remporté le championnat du monde du 2007 World Series of Poker contre Scotty Nguyen en obtenant son premier bracelet. Il récidive en 2013

($ 2 500 2-7 Triple Draw Lowball) et en 2015 ($ 1 500 Seven-Card Stud). C'est un joueur très régulier qui joue gros dans les *cash games*.

ESFANDIARI, ANTONIO (né en 1978), États-Unis

Le jeune Antonio Esfandiari a 9 ans quand ses parents quittent l'Iran pour s'installer aux États-Unis. Après ses études, c'est la carrière de magicien professionnel qu'il décide d'embrasser jusqu'au jour où il est invité à s'asseoir à une table de Hold'em. Il ne la quittera plus.

Surnommé le magicien pour les tours spectaculaires qu'il effectue régulièrement pendant le jeu avec ses jetons, il remporte son premier WPT en 2004 et un bracelet WSOP quelques mois plus tard.

En 2010, il remporte le plus gros gain jamais distribué dans un tournoi : plus de 18 millions de dollars pour sa victoire au Big One for One Drop. Pour cela il a dû payer le *buy-in* exorbitant de 1 million de dollars et battre ses 47 autres adversaires. 2010 est aussi l'année de son deuxième titre WPT. Il étoffe encore son palmarès en 2012 avec deux bracelets des World Series.

En 2016, Antonio défraie la chronique du petit monde du Poker : suite à un pari idiot, il est exclu au deuxième jour du Main Event du Pokerstars Caribbean Adventure. Il avait parié que, pendant tous ses déplacements dans le tournoi, il effectuerait un grand écart à chaque pas. Mais il avait sous-estimé le temps et l'énergie pour effectuer ses déplacements. Alors, pour ne pas perdre un temps fou à rejoindre les toilettes, il a uriné dans une bouteille en pleine partie !

F

FERGUSON, CHRIS (née en 1963), ÉTATS-UNIS

Chris « Jésus » Ferguson, surnommé ainsi à cause de sa longue chevelure qui lui donne un air mystique - même si le chapeau de cow-boy ne complète pas le portrait de façon adéquate… - a baigné dès son plus jeune âge dans le Poker et les mathématiques. Issu d'une famille de scientifiques, il étudie les algorithmes informatiques à UCLA jusqu'en 1999. Pas étonnant que ce joueur ait acquis une conception quasi scientifique du Poker ! Et ça marche : vainqueur des WSOP en 2000, il a fini 63 fois dans les places payées et remporté quatre autres bracelets !

En 2011, alors directeur de Full Tilt Poker, il est poursuivi par la justice américaine pour escroquerie mais s'en sort avec un arrangement financier.

FORREST, TED (né en 1964), États-Unis

Ted « Spooky » Forrest est sans doute le meilleur joueur de Stud Poker en activité. Il remporte 3 bracelets WSOP en 1993 avant de se consacrer exclusivement aux *cash games* pendant plus de 10 ans. Il fait un retour fracassant dans le monde des tournois en remportant deux nouveaux bracelets en 2004 et un WPT en 2007. En juin 2014, il défait Phil Hellmuth en table finale du $ 1 500 Seven-Card Razz et remporte son sixième bracelet. Pour l'anecdote, Ted Forrest possède le bracelet d'Hamid Dastmalchi, le vainqueur 1992. Il lui a tout simplement échangé contre 3 jetons de 500 $!

G

GOLD, JAMIE
(né en 1969), États-Unis

Ce jeune New-Yorkais a remporté 12 millions de dollars en un seul tournoi ! C'était en 2006 aux WSOP, il remporte le Main Event devant plus de 8 000 autres joueurs. Pourtant, au début du tournoi, personne n'aurait misé sur cet inconnu, au nom pourtant évocateur, qui plus est agent d'acteurs de cinéma (comptant, parmi ses clients, James Gandolfini alias Tony Soprano !) Et ils avaient tort : l'élève de Johnny Chan prit le *chip-lead* dès le quatrième jour pour ne plus le lâcher…

GREENSTEIN, BARRY
(né en 1954), États-Unis

Barry Greenstein est né à Chicago en 1954. Il apprend le Poker dès son plus jeune âge sous la direction de son père. Diplômé en mathématiques et en informatique, il entre dans la fameuse compagnie de sécurité informatique Symantec. Mais en 1990, à l'âge de 36 ans, il plaque tout et décide de prendre sa retraite pour devenir joueur professionnel. Grand bien lui en a pris, car, depuis, Barry a fini 59 fois dans les places payées des World Series et remporté 3 bracelets ! Surnommé « Le Robin des Bois du Poker », il reverse l'intégralité de ses gains en tournois (plus de 8 millions de dollars à ce jour) à des œuvres de charité.
En 2011, Barry est élu par ses pairs au Poker Hall of Fame.

GROSPELLIER, BERTRAND
(né en 1981), France

Bertrand Grospellier attrape tout jeune le virus du jeu. Mais c'est dans le domaine du e-sport et de Starcraft qu'il va se forger son premier palmarès et acquérir son surnom Elky, ainsi qu'une solide réputation de compétiteur.
À vingt ans, il s'installe en Corée pour participer à la ligue Coréenne pro gaming. Rapidement, il comprend qu'il a les qualités pour être un bon joueur de Poker en ligne. Il commence à jouer massivement et simultanément les tables de sit and go sur le site Pokerstars.
Et à cet exercice, il ne se contente pas d'être bon, il est excellent ! Il devient le tout premier joueur à atteindre les rangs de Supernova et Supernova Elite sur Pokerstars et devient l'un des plus gros gagnants du site.
Dans les grands tournois live, Elky accumule aussi les titres et les gains. En 2008, il remporte successivement un titre EPT et un WPT. En 2011, il rejoint le cercle très fermé (seulement 3 personnes avant lui) des joueurs ayant réalisé le triplé EPT-WPT-WSOP en remportant un bracelet dans l'épreuve du $ 10 000 Seven-Card Stud Championship.
Après plus de 10 ans d'absence dans le e-sport, Elky fait un retour fracassant dans le monde de Warcraft en 2015.
Ce qui ne l'empêche pas de continuer à augmenter ses gains en tournois de Poker qui atteignent aujourd'hui 11 millions de dollars.

H

HACHEM, JOE
(né en 1966), Liban, Australie

Chiropracteur jusqu'en 2002, Joe Hachem représente bien cette nouvelle génération du Poker. En 4 ans, et sans être passé par Internet, il réussit l'exploit de remporter les WSOP en 2005 et une étape du WPT en 2006 au Bellagio de Las Vegas. Seuls Doyle Brunson, Scotty Nguyen, Dan Harrington et Carlos Mortensen ont réussi cet exploit à ce jour ! Ses gains en tournoi sont de plus de 12 millions de dollars.

HANSEN, GUS
(né en 1974), Danemark

Né en 1974 à Copenhague, Gus pratique beaucoup de sport dans son enfance et devient champion de tennis. Il découvre le Poker en 1993 lors de ses études en Californie. Mais sa passion est portée vers le backgammon, discipline où il tente de gagner sa vie, sans succès. Très bon dans le calcul des probabilités, Gus se consacre au Poker en 1997. Son style est extrêmement agressif, il a la réputation de surenchérir et de bluffer avec des mains très faibles, poussant l'adversaire à se coucher ou à le suivre sans réellement estimer la qualité de son jeu. Gus est un des premiers joueurs à être intégré dans le World Poker Tour Walk Of Fame. Il a remporté trois fois le World Poker Tour, il s'est imposé également dans le Poker Superstars Tournament et a terminé premier du 2007 Aussie Millions en battant 746 joueurs ! Il remporte un bracelet WSOP en 2010 et ses gains en tournoi dépassent les 10 millions de dollars. Mais ce palmarès éloquent cache une réalité moins flatteuse. Depuis plusieurs années, Gus accumule les pertes en *cash games*, en particulier sur le site Full Tilt Poker, où elles dépassent les 20 millions de dollars ! Ce qui ne l'empêche pas d'être un régulier du Big Game du Bellagio ou d'organiser des parties de backgammon avec de riches hommes d'affaires asiatiques.

HELLMUTH, PHIL
(né en 1964), États-Unis

Phil Hellmuth est surnommé le « sale gosse » du Poker car sa jeunesse et son assurance ont étonné le monde du Poker. Né en 1964 à Madison, Phil découvre le Poker alors qu'il est étudiant. Quatre ans après, il décide de se consacrer pleinement à ce qui est devenu une passion. Il se fait remarquer en 1989 en battant Johnny Chan en finale du championnat WSOP, alors que celui-ci est au sommet de sa carrière.

Il remporte le $ 5 000 Limit Hold'em en 1992, et il gagne 3 bracelets en 1993 : le $ 1 500 Limit Hold'em, le $ 2 500 No Limit Hold'em et le $ 5 000 No Limit Hold'em. Puis il remporte le $ 3 000 Pot Limit Hold'em en 1997. En 2001, il gagne le $ 2 000 No Limit Hold'em. Et l'année 2003 le voit s'imposer dans le $ 2 500 Limit Hold'em et le $ 3 000 No Limit Hold'em. Il rejoint Doyle Brunson et Johnny Chan en gagnant son dixième bracelet ($ 1 000 No Limit Hold'em) en 2006, et les dépasse en 2007 avec un onzième bracelet WSOP. Consultant pour les émissions diffusant les championnats de Poker, il a participé en 2006 au jeu de télé-réalité américain *The Surreal Life*. En 2007, il intègre le Poker Hall of Fame.

Phil Hellmuth assoit définitivement sa légende en remportant deux nouveaux bracelets en 2012 et un quatorzième titre en 2015. Il détient également le record de places payées aux WSOP (113 en 2015) ainsi que celui du nombre de tables finales jouées (50). En 2015, ses gains en tournois ont dépassé les 19 millions de dollars.

HICKOK, JAMES BUTLER ALIAS "WILD BILL HICKOK"
(1837-1876), États-Unis

Wild Bill Hickok est une figure légendaire du Far West américain. Après avoir été éclaireur pour l'armée du Nord lors de la guerre de Sécession, il devient shérif de Hays, une petite ville du Kansas en 1870, puis marshall à Abilene (Kansas) l'année suivante. Joueur passionné de Poker, Wild Bill Hickok choisissait toujours sa place avec soin autour de la table, si possible dos au mur, face à l'entrée. En 1876, alors qu'il se trouve au Nuttal and Mann's Saloon dans le Dakota, il participe à une partie. Mais cette fois, il n'a pas pu choisir sa place ! La partie lui sera fatale, il est tué d'une balle dans la tête, par derrière, alors qu'il a A♣ A♠ 8♣ 8♠ en main. Cette combinaison porte depuis le nom de « *Dead Man's Hand* » (main du mort).

I

IVEY, PHIL
(né en 1976), États-Unis

Phil Ivey est né le 1er février 1976 à Riverside en Californie et a grandi dans le New Jersey.

Il est considéré comme l'un des meilleurs joueurs en activité, avec un style de jeu très agressif, que peu de joueurs parviennent à lire. Sa spécialité est la lecture du comportement des adversaires et l'interprétation de leur façon de jouer.

Il commence à fréquenter les salles de Poker à 18 ans avec une fausse carte d'identité. Il perd mais apprend énormément au cours de ces premières années.

Phil Ivey a notamment fait partie de The Corporation, avec entre autres Doyle Brunson, Johnny Chan et Howard Lederer, un collectif de joueurs ayant mis en commun de grosses sommes afin d'affronter le milliardaire Andy Beal à l'occasion d'une énorme partie. Phil Ivey est ainsi parvenu à lui prendre plus de 16 millions de dollars.

Son palmarès est impressionnant avec 10 bracelets et 31 tables finales aux WSOP entre 2000 et 2014. Phil a également réussi à accéder neuf fois à la table finale du WPT, avec une victoire en 2008.

Entre 2007 et 2010, il aurait gagné près de 19 millions de dollars du Full Tilt. Somme qu'il perd intégralement entre 2013 et 2015 sur Pokerstars et Full Tilt !

Au cours de sa carrière, Phil Ivey a accumulé plus de 23,8 millions de dollars de gains en tournoi.

L

LAAK, PHIL
(né en 1972), Irlande, États-Unis

Personnage atypique dans le monde du Poker, Phil Laak est né en 1972 à Dublin. Après des études d'ingénieur aux États-Unis, il devient professionnel du backgammon. En 1999, il fait la connaissance d'Antonio Esfandiari, professionnel de Poker, et décide de le rejoindre dans ce milieu.

Imprévisible et exubérant, Phil doit sa popularité (et une partie de ses résultats !) à ses gesticulations : il fait des pompes, il court autour de la table... Parfois dérangeant pour ses adversaires, mais amusant pour le public ! Toujours habillé de la même façon, capuche grise et lunettes noires,

Gus Hansen lui a attribué le surnom d'« Unabomber » (terroriste qui portait les même vêtements). Lorsque Phil risque l'élimination d'un tournoi en faisant tapis, il a l'habitude de tirer sur les ficelles de sa capuche pour masquer son visage. Toutefois, il faut prendre Phil Laak au sérieux, car sa façon de jouer est calculée et ses résultats sont d'ailleurs impressionnants : il a atteint six fois la table finale du World Poker Tour et a remporté l'étape de Los Angeles en 2004 (gain de 100 000 $). Au WSOP, il doit attendre l'épreuve européenne de 2010 pour remporter son premier bracelet au £ 2 650 Six Handed No Limit Hold'em. Ses gains en tournoi dépassent les 3,4 millions de dollars.

LEDERER, HOWARD
(né en 1964), États-Unis

Howard Lederer est né en 1964 dans le nord-est des États-Unis. Talentueux aux échecs, il découvre le Poker très jeune dans l'arrière-salle d'un club d'échecs. Il fréquente plus tard le Mayfair Club de New York où se jouent des parties de Hold'em No Limit.

En 1993, il part pour Las Vegas et décide de devenir professionnel. Il termine deux fois à la table finale d'un tournoi WSOP en 1993 (dont une 2e place) et récidive l'année suivante (deux 3e places).

Howard gagne son premier bracelet dans la catégorie $ 5 000 Limit Omaha Hi-Lo en 2000, et gagne un second bracelet l'année suivante ($ 5 000 Deuce to Seven). Au WPT, Howard a remporté deux titres, le World Poker Finals en 2002 (gain de 320 400 $) et le Party Poker million II en 2003 (gain de 289 000 $).

Fondateur, avec entre autres Chris Ferguson, du site Full Tilt en 2004, il est accusé d'escroquerie par la justice américaine en 2011 et s'en sort avec un arrangement financier de plus de 2,5 millions de dollars. Depuis 2011, Howard ne fréquente plus les grands tournois mais il a toutefois eu le temps d'accumuler presque 6,5 millions de dollars de gains.

LINDGREN, ERICK
(né en 1976), États-Unis

Erick Lindgren est né en 1976 en Californie. Il gagne son premier grand tournoi au Bellagio en 2002 (gain de 228 000 $), suivi de sa première victoire au WPT en 2003 (gain de 500 000 $). En 2004, il s'impose à nouveau dans le WPT et remporte 1 million de dollars.

Moins régulier aux WSOP, Erick obtient tout de même un premier bracelet en 2008 dans la variante du $ 5 000 Mixed Hold'em (Limit/No Limit) et récidive en 2013 au $ 5 000 No-Limit Hold'em / Six Handed (No Limit).

Mais Erick aime parier et pas seulement au Poker. En 2007, il prend le pari, contre Phil Ivey et plusieurs autres personnes, de terminer quatre fois le parcours d'un golf de Los Angeles, entre le lever et le coucher du soleil, en portant lui-même son sac et en faisant moins de 100 à chaque fois. Sous une chaleur accablante (plus de 40°C), Erick gagne son pari et empoche 350 000 $!

Les années fastes prennent fin en 2011. Les pertes s'accumulent, Erick joue pour combler ses dettes. Sans succès ! Fin 2012, il finit par entrer dans un programme de désintoxication pour joueurs compulsifs.

M

MATUSOW, MIKE
(né en 1968), États-Unis

Mike Matusow, vainqueur de quatre bracelets WSOP, traîne aussi deux réputations sur le circuit professionnel de Poker. On le surnomme d'une part « The Mouth » (la bouche) pour son langage plutôt fleuri quand il joue au Poker. Certains préfèrent son surnom de « Blow-up » (boulette) en référence à son grand défaut : l'excès de confiance. Il est capable de dilapider en quelques minutes la montagne de jetons qu'il a mis des jours à constituer ! Mais cet ancien croupier reste un joueur redoutable qui finit régulièrement dans les places payées des nombreux tournois auxquels il participe, en particulier sur Internet…

MONEYMAKER, CHRIS
(né en 1975), États-Unis

Adepte des sites de Poker en ligne, Chris Moneymaker a d'abord étudié la comptabilité à l'Université du Tennessee. Il obtient son diplôme et travaille comme comptable. En jouant régulièrement au Poker en ligne, il remporte une place pour le Tournoi du Main Event of WSOP en 2003. À la surprise générale, il remporte le tournoi assorti d'un gain de 2,5 millions de dollars ! C'est le début de l'effet Moneymaker : le nombre de participants au Main Event passe de 839 en 2003, à 2576 en 2004 pour culminer à 8773 en 2006 ! Dès lors, il se consacre au Poker et sa nouvelle renommée lui permet d'accéder aux tournois les plus prestigieux. Il termine second du World Poker Tour en 2004. Chris Moneymaker est capable de tout risquer sur un coup de bluff. En effet, contre Sam Fahra à l'arrivée de la quatrième carte (*river*) il a poussé son tapis avec rien (meilleure carte Roi). Avec une paire de 9, Fahra n'a pris aucun risque et s'est couché.
Chris Moneymaker a publié une autobiographie en 2005 sous le titre *Comment un amateur transforme 40 $ en 2 500 000 $ aux WSOP*.
Aujourd'hui, il partage son temps entre sa vie de famille et quelques tournois. Il continue également à jouer en ligne pour son plaisir.

MORTENSEN, CARLOS, DIT « EL MATADOR »
(né en 1972) Équateur, Espagne

Juan Carlos Mortensen porte le surnom d' « El Matador » parmi les joueurs de Poker. Arrivé avec sa famille à Madrid à l'âge de 15 ans, d'abord passionné d'échecs, il s'est pris au jeu en regardant des parties de Poker plus ou moins illicites alors qu'il était barman dans un club privé à Madrid et en perdant tout de suite 100 $! Il s'est obstiné et a fini par gagner.
Il a rejoint les États-Unis en 1997 sans parler un mot d'anglais et a commencé à aligner les victoires dans les tournois qui lui ont ouvert la porte du World Series of Poker Main Event 2001. Après 8 heures de partie à la table finale, il a obtenu la victoire et 1,5 million de dollars en battant Dewey Tomko, déjà détenteur de 3 bracelets.
Un deuxième bracelet en 2003 et un titre au WPT 2004 : il est dans la cour des grands et s'aligne régulièrement aux tables finales. Son épouse, Cecelia, écume elle aussi les salles de Poker, mais ils ont divorcé en 2006.
Mortensen remporte deux nouvelles épreuves WPT en 2007 et 2010 et devient l'un des joueurs les plus titrés de cette compétition : plus grand nombre de victoires (3 à égalité avec Gus Hansen), plus gros gain total dans l'histoire de

la compétition, plus gros prix gagné lors d'une épreuve (3 970 415 $ pour sa victoire de 2007).
Sa devise : « Ma main préférée, c'est la dernière ! ». Il a gagné près de 12 millions de dollars en tournoi dans sa carrière.

MOSS, JOHNNY
(1907-1995), États-Unis

Johnny Moss est né en 1907 au Texas. Depuis son enfance, le jeu fait partie de sa vie. Déjà dans son adolescence, il a appris comment tricher au Poker. Mais au lieu de devenir tricheur lui-même, il s'est servi de son savoir pour empêcher d'autres d'utiliser les triches qu'il connaissait.
L'évènement qui l'a rendu le plus célèbre est le marathon de Poker de 5 mois avec Nick « Le Grec » Dandalos au casino de Binion en 1949. On suppose que lors de cette partie de Poker, il a gagné entre 2 et 4 millions de dollars avant que Dandalos soit obligé d'arrêter.
En 1970, Johnny a participé au premier WSOP et a été élu par ses pairs champion du monde de Poker. Dès l'année suivante, il s'impose au tournoi WSOP et remporte en 1974 une troisième victoire au Main Event des WSOP. Seul joueur avec Stu Ungar à avoir remporté trois fois le Main Event du WSOP (à la différence qu'il a remporté la première victoire suite à une élection), Johnny Moss a gagné 8 bracelets WSOP et remporté plus de 680 000 $ en tournoi de Poker.

N

NGUYEN, MEN
(né en 1954), Vietnam, États-Unis

Rien ne prédestinait Men Nguyen à devenir l'un des plus grands joueurs de Poker de sa génération. Quand il quitte l'école à l'âge de 13 ans pour devenir chauffeur de bus, Las Vegas est loin d'être à l'ordre du jour ! Mais la guerre va tout bouleverser. En 1978, avec quelques compatriotes, il fuit le régime communiste et gagne la Malaisie, puis les États-Unis où il obtient l'asile politique.
Ses premiers pas dans le Poker seront très douloureux pour son porte-monnaie. En 1984, au cours d'une excursion, il découvre Las Vegas et ses salles de Poker ! C'est le coup de foudre. C'est maintenant à Las Vegas que Men passe tous ses week-ends. La première année, il y laissera des centaines de dollars, ce qui lui vaut le surnom de « Slot Machine » (machine à sous). Mais très vite, Men progresse et son surnom devient « The Hammer » (le marteau) : les joueurs qui ont servi d'enclume savent pourquoi !
Men Nguyen est aussi l'un des entraîneurs de Poker les plus reconnus. Sa réputation dépasse très largement les frontières et des joueurs du monde entier viennent se perfectionner auprès de lui. On ne compte plus ses élèves qui ont remporté des tournois majeurs !
Son palmarès personnel est également éloquent : 79 fois dans les places payées des WSOP et 7 bracelets, 4 fois en table finale du World Poker Tour…

NGUYEN, SCOTTY
(né en 1962), Vietnam, États-Unis

Scotty Nguyen est « le Prince du Poker ». C'est l'un des joueurs les plus actifs du circuit. L'un des plus prolifiques aussi : près de 300 fois dans les places payées des tournois auxquels il a participé, un titre de Champion du Monde de Poker WSOP en 1998, 5 bracelets au total, 1 titre WPT… La liste serait longue comme le bras ! Son seul défaut : un caractère un peu émotif qui peut lui faire perdre ses moyens quand il prend un *bad beat* !

NEGREANU, DANIEL
(né en 1974), Canada

D'origine roumaine, Daniel Negreanu est né en 1974 à Toronto. Daniel abandonne ses études pour jouer dans les casinos. En 1995, il part pour Las Vegas et rêve de carrière professionnelle de Poker, mais, ruiné, il rentre à Toronto pour reconstituer son capital.
On le retrouve en 1997 où il s'impose dans des tournois américains ($ 2 000 Limit Hold'em L.A. ; $ 1 500 Limit Hold'em World Poker Finals). La renommée vient en 1998 lorsqu'il remporte le bracelet WSOP ($ 2 000 Hold'em Pot Limit). Il cumule les gains et les victoires dans de nombreux tournois avec notamment une 2e place aux WSOP en 2002.
En 2003, il remporte un second bracelet WSOP ($ 2 000 S.H.O.E.) et accède à deux tables finales d'autres catégories (2e au $ 3 000 No Limit Hold'em et 6e au $ 2 000 Pot Limit Hold'em). Et l'année 2004 est exceptionnelle : 2 victoires au WPT (plus deux tables finales) et un troisième bracelet WSOP (plus trois tables finales). Il est élu logiquement joueur de l'année.
En 2008, il remporte un quatrième bracelet dans l'épreuve du $ 2 000 Limit Hold'em, puis en 2013, il est le premier joueur à remporter un bracelet sur les trois continents avec une victoire dans l'épreuve du 25 600 € High Roller No Limit Hold'em des WSOPE et une autre dans Main Event du 10 000 A$ No Limit Hold'em des WSOPA.
Habitué du Big Game du Bellagio, Daniel Negreanu est un joueur régulier qui se place souvent dans des places payées des tournois (82 fois au WSOP et 19 fois au WPT). Il explique sa réussite par des heures d'observation de ses adversaires. Il scrute régulièrement le comportement des autres joueurs pour mieux distinguer leur façon de jouer.

P

PEARSON, WALTER, ALIAS « PUGGY »
(1929-2006), États-Unis

Issu d'une famille nombreuse du Mississippi, Walter Pearson doit son surnom de « Puggy » à un accident qui lui déforma le nez alors qu'il avait 12 ans.
À 17 ans, il s'engage dans la Navy, où il se fait remarquer, non pas dans le maniement des armes, mais pour le billard ! Il est même considéré comme l'un des meilleurs joueurs du monde quand il s'essaie au Poker. Après l'armée, il devient un joueur professionnel redoutable et une véritable légende au coté des Moss, Binion ou Brunson… Il remporte 4 bracelets WSOP dont le Main Event en 1973. Grand spécialiste du Stud, il entre au Poker Hall of Fame en 1987.
Puggy Pearson, toujours le cigare à la main, avait en outre la réputation d'être extrêmement désagréable avec les croupiers qui ne lui servaient pas de bons jeux : une fois il lança son jeu à la figure d'une croupière qui lui lança sa chaussure en retour. Mike Caro raconte même qu'une autre fois, il aurait été jusqu'à uriner sur le croupier !

PRESTON, "AMARILLO SLIM"
(1928-2012), États-Unis

Thomas Austin Preston est né le 31 décembre 1928 dans l'Arkansas. Après ses études, il sert durant quelques années dans l'armée.

C'est à 25 ans que Amarillo Slim décide de vivre du jeu, mais à cette époque c'est une activité strictement interdite. Il voyage alors à travers les États-Unis pour participer aux parties de Poker clandestines. C'est ainsi qu'il rencontre Doyle Brunson et Brian « Sailor » Roberts et fonde avec eux une équipe de Poker pour se renseigner sur les adversaires. Ce partenariat est également monétaire, puisque ces joueurs partagent leurs gains et leurs frais.

Dans les années 1970, le trio participe aux WSOP. Amarillo sera le premier des trois à remporter le Main Event (1972), quelques années avant Brian Roberts (1975) et Doyle Brunson (1976). Amarillo gagne en 1974 le bracelet du tournoi WSOP $ 1000 No Limit Hold'em.

En 1985 et 1990, Amarillo Preston gagne deux autres bracelets WSOP en $ 5000 Pot Limit Omaha. Étant l'un des pionniers du Poker aux États-Unis, il accède en 1992 au Poker Hall of Fame, sorte de mémorial dédié au Poker. Mais sa renommée a quelque peu pâti de certaines déclarations impopulaires du type : « Si une femme gagne le WSOP, je me tranche la gorge ! » et de présumées relations douteuses avec les cartels colombiens…

R

RAYMER, GREG
(né en 1964), États-Unis

Greg Raymer découvre le Poker en 1999, dans une petite ville du Connecticut, alors qu'il est avocat pour la multinationale Pfizer. Deux ans plus tard, le voilà déjà à une table finale des WSOP (en $ 1500 Omaha/8, épreuve remportée par Chris Ferguson) ! En 2004, il remporte le titre suprême, et les 5 millions de dollars qui vont avec, après s'être qualifié dans un satellite à $ 160 ! Surnommé « Fossilman » à cause de sa passion pour les fossiles, c'est un joueur extrêmement difficile à lire pour ses adversaires, véritable « Poker Face » derrière ses lunettes holographiques.

REESE, DAVID « CHIP »
(1951-2007), États-Unis

Dans son enfance, une maladie contraint le jeune David à rester alité de longs moments. Pour tuer le temps, sa mère lui apprend toutes sortes de jeux de cartes. La passion est née ! Quelques années plus tard, étudiant en économie, il ratisse à la fois ses camarades de classe mais aussi ses professeurs. Puis vient un choix difficile : alors qu'il vient de gagner 40 000 $ dans un tournoi de Poker à Las Vegas, il apprend qu'il est admis à Stanford, la prestigieuse université américaine. Le choix est toutefois rapide : David choisit le Poker !

Ses très bons résultats en *cash game* attirent l'attention de Doyle Brunson qui lui confie la partie Stud de son best-seller *Super System*. Il fut l'un des joueurs les plus redoutables de

cash game, ce qui lui valut d'être le plus jeune joueur à intégrer le Poker Hall of Fame en 1991. Ses performances en tournoi étaient moins importantes, même s'il a remporté 3 bracelets WSOP dont le prestigieux $ 50 000 H.O.R.S.E. en 2005 face à Andy Bloch, au terme d'un tête-à-tête de plus de 7 heures!
Depuis 2008, le vainqueur du $ 50 000 H.O.R.S.E. reçoit, en plus de son gain, un trophée représentant la main gagnante de Chip dans cette épreuve : A♣ 7♣ 7♠ 4♥ 4♠.

S

SEIDEL, ERIK
(né en 1959), États-Unis

Erik Seidel est né et a grandi à New York, où il a commencé comme joueur de backgammon. Il passe 8 ans dans le circuit professionnel du backgammon avant de se lancer dans le Poker. Il participe pour la première fois aux WSOP en 1988 où il termine 2e du Main Event ($ 10 000 No Limit Hold'em) derrière Johnny Chan (gain de 280 000 $). En 1991, il récidive en terminant 2e du $ 5000 Limit Hold'em et il remporte son premier bracelet l'année suivante ($ 2500 Limit Hold'em). Il gagne un bracelet en 1993 ($ 2 500 Omaha 8 or better) et un autre en 1994 ($ 5000 Limit Hold'em).
En 1998, Erik remporte un 4e bracelet WSOP ($ 5000 Deuce to Seven Draw). Le 5e bracelet est gagné en 2001 ($ 3000 No Limit Hold'em). Ce palmarès continue de s'étoffer avec un 6e bracelet en 2003 ($ 1 500 Pot Limit Omaha), un 7e bracelet en 2005 ($ 2000 No Limit Hold'em) et un 8e en 2007 ($ 5000 World Championship No Limit Deuce to Seven Draw Lowball w/rebuys). Il remporte également une épreuve du WPT en 2008.
Admis au Poker Hall of Fame en 2010, Erik est l'un des joueurs les plus réguliers du circuit et ses gains de tournoi sont supérieurs à 26,5 millions de dollars.

STRAUSS, JACK
(1930-1988), États-Unis

Grand joueur que Jack « Treetop » Strauss ! Grand par la taille (2,10 m), ce qui lui vaut son surnom, il est aussi grand par le talent : il a remporté le Main Event des WSOP 1982 alors qu'il ne lui restait plus qu'un seul jeton de 500 $!
Ce n'est pas le seul fait glorieux de sa longue carrière : il a réussi l'un des plus grands coups de bluff de l'histoire du Poker ! Un jour, alors qu'il jouait un très gros *cash game* de Texas Hold'em, il réussit une manœuvre exceptionnelle : alors que le tableau comporte 7-3-3-2 et qu'il est face à un adversaire qui détient une grosse paire, Jack Strauss lui fait la proposition suivante : il lui montrera la carte de son choix contre 25 $! Son adversaire accepte et retourne un 2 dans le jeu de Jack. Après de longues minutes d'hésitation, persuadé que Jack possède une paire de 2 en main et donc un full, il jette son jeu. Jack Strauss peut alors montrer ses *hole cards* : 7-2, la pire main du Hold'em !

U

UNGAR, STU ERROL
(1953-1998), États-Unis

Stu Ungar est considéré comme l'un des meilleurs joueurs de Poker de tous les temps. Outre le Poker, Stu était aussi

un grand joueur de gin rami et de black jack.
Stu Ungar est né en 1953 à New York et développe très tôt une passion pour le jeu. Le premier jeu dans lequel Stu, surnommé « The Kid », s'est rendu célèbre est le gin rami. Il est l'un des meilleurs joueurs de gin rami de New York dès 14 ans. Il remporte à 15 ans un important tournoi et gagne 10 000 $ mais il donne 1 000 $ à ses parents et parie le reste aux courses, sans succès.
On retrouve le Kid à Miami où se jouent les plus grosses parties de gin rami de l'époque. Stu y fait un malheur en remportant de nombreux tournois mais à chaque fois qu'il gagne de l'argent, il ne peut s'empêcher de jouer ses gains aux courses. Ruiné, il se tourne alors vers Las Vegas qui devient la capitale du jeu. Il s'impose facilement lors d'un tournoi de gin rami, mais les propriétaires de casinos, stupéfaits par son talent, lui interdisent l'accès aux tables.
Dès lors, Stu Ungar doit trouver une autre discipline pour démontrer son talent. Ce sera le black jack. De nombreuses anecdotes on été écrites à ce sujet. On raconte que les casinos ont supprimé les tables de black jack à un seul jeu de cartes à cause de Stu Ungar, ou encore que, lors d'une partie au Caesar's Palace, les responsables du casino arrêtèrent la partie : Stu Ungar aurait alors annoncé les 18 dernières cartes du sabot sans aucune erreur ! Face à une telle menace les casinos doivent prendre des mesures et Stu est interdit de jeu, sa photo se retrouve dans tous les casinos du monde...
Heureusement pour Stu Ungar, il reste le Poker, discipline où il ne risque pas de ruiner les casinos, mas plutôt ses adversaires. Ainsi, il s'inscrit aux World Series of Poker en 1980. Il se retrouve en finale contre la star du Poker, Doyle Brunson, le double champion du monde. Stu remporte le titre de champion et 385 000 $ à seulement 27 ans. Il récidive l'année suivante en remportant à nouveau le titre (et 375 000 $).
Mais Stu, joueur invétéré, ne peut s'empêcher de rejouer ses gains. (Il a perdu 2 millions de dollars au craps). En 1986, ruiné et divorcé, il disparaît du monde du jeu. Il revient aux championnats du monde de Poker en 1997, grâce à un ami qui lui paye les droits d'entrée. Stu remporte pour la troisième fois le titre de champion du monde et gagne 1 million de dollars.
On le retrouve mort en 1998, seul et ruiné dans sa chambre d'hôtel. Stu Errol Ungar est l'un des plus grands champions de Poker de tous les temps. Ses gains au Poker ont dépassé les 30 millions de dollars.

LE POKER HALL OF FAME

Le Poker Hall of Fame, comme son cousin pour le cinéma, est devenu une véritable institution aux États-Unis. Créé par le Binion's Horseshoe, le Poker Hall of Fame regroupe les joueurs qui ont obtenu les meilleurs résultats dans les très grosses parties sur une période de plusieurs années ! Autant dire que le nombre de prétendants est extrêmement réduit : seulement 50 joueurs y ont été admis depuis sa création en 1979 !

147

LES GRANDS TOURNOIS DE POKER

Véritables rendez-vous des professionnels, les tournois de Poker attirent de plus en plus les joueurs amateurs grâce à l'apparition des tournois satellites. Ces tournois de moindre importance permettent pour une somme abordable (50 € par exemple) d'obtenir une place gratuite pour un tournoi important (au WPT le droit d'entrée est de 25 000 $…). Nous allons dans ce chapitre nous pencher plus avant sur les grands tournois à travers le monde.

Quelques précisions, avant toute chose… Le principal problème des *cash games* est que les joueurs sont libres de reprendre des jetons à volonté (se recaver) et que, par conséquent, tous les joueurs ne sont pas à égalité. Les tournois, qui se veulent organisés à la manière des compétitions sportives et cherchent à distinguer des champions, éliminent ces disparités car tous les joueurs commencent avec la même quantité de jetons ; aucun d'entre eux ne pourra en reprendre. Les récompenses finales attribuées aux joueurs seront liées à leur rang dans la compétition et non à la masse des jetons qu'ils possèdent en fin de partie.

La plupart des tournois imposent un droit d'entrée (frais d'inscription) destiné à couvrir les frais et à assurer les gains des joueurs. Dans d'autres tournois, les organisateurs prélèvent un pourcentage du pot avant la redistribution.

En moyenne, entre 5 et 10 % des joueurs obtiennent un gain et, bien souvent, le vainqueur gagne la moitié des sommes distribuées. Étant donné les droits d'entrée importants, il est très difficile pour les professionnels de gagner de l'argent. Les mises peuvent être : structurées (Limit) si la mise maximum est fixe (souvent le double de la *surblind*) ; semi-structurées si la mise est limitée par le pot (Pot Limit) ; ou non structurées s'il n'y a pas de limite maximum d'enchère (No Limit).

LES WORLD SERIES OF POKER

Les plus connus de tous les tournois internationaux de Poker sont sans aucun doute les très fameux World Series of Poker (WSOP pour les habitués). C'est également le tournoi le plus important et le mieux doté en termes de gains. Les joueurs se comptent en milliers et les gains, pour le grand gagnant, s'élèvent souvent à plusieurs millions de dollars. Ce tournoi comprend plusieurs compétitions dont la plus fameuse (et aussi la mieux dotée) est le Main Event. Il s'agit d'un tournoi de No Limit Texas Hold'em pour lequel le droit d'entrée est tout de même fixé à 10 000 $… Les WSOP existent depuis 1970 et, en presque 40 ans d'existence, les gains du Main Event sont passés de 30 000 à 12 millions de dollars ! Pas étonnant, par conséquent, que de nombreuses vocations se soient révélées. Attention, cependant, car n'accède pas aux tables du WSOP n'importe quel joueur, si motivé ou si chanceux soit-il ! À moins d'avoir plusieurs milliers de dollars à dépenser dans l'inscription à un seul tournoi des World Series, vous devrez obligatoirement participer à un certain nombre de tournois dits « satellites » avant de pouvoir prétendre aux tables de la compétition ultime. En accumulant des victoires lors de ces tournois qualificatifs, les joueurs augmentent leurs chances de sélection. Le tournoi World Series of Poker se déroule une fois par an, à Las Vegas, durant l'été. Son succès est tel qu'il est depuis quelques années déjà sponsorisé par un grand nombre de sociétés commerciales (marque de bière, fabricant de voitures…).

UNE SUCCESS STORY

Son histoire commence en 1969 quand Benny Binion, joueur de Poker et propriétaire d'un casino à Las Vegas, est invité à participer à une grosse partie à Reno, au Texas. Cette partie doit rassembler quelques joueurs texans et d'autres joueurs de grosses parties, tels que Johnny Moss, Doyle Brunson, « Amarillo Slim » Preston. L'idée d'une compétition regroupant les meilleurs joueurs de Poker est née.

LES ANNÉES 1970 : LES DÉBUTS

Dès l'année suivante, Benny Binion organise un tournoi ouvert au public dans son casino de Las Vegas, le Binion's Horseshoe. Drôle de pari que ces premiers World Series ! À cette époque, il n'y a pas plus de 50 tables de Poker dans tout Las Vegas et moins de 70 pour le Nevada tout entier ! Le Horseshoe ne possède même pas de salle de Poker et c'est dans une pièce de la taille d'une chambre d'hôtel que les premiers participants écrivent une page importante de l'histoire du Poker sans le savoir. Pour cette première édition, le champion du monde est élu par ses pairs après plusieurs jours de jeu avec de gros enjeux. C'est Johnny Moss qui emporte le plus de suffrages.

En 1971, apparaît la première grande évolution des World Series : le tournoi se joue en *freeze out*. Les participants payent 5 000 $ de droits d'entrée, ils n'ont pas de possibilité de se recaver et le vainqueur emporte la totalité des gains. Encore une fois, Johnny Moss écarte ses cinq adversaires et remporte les 30 000 $!

En 1972, la victoire d'« Amarillo Slim » Preston donne un coup de fouet médiatique à l'épreuve. Grand ami de Benny Binion (Benny lui léguera son cheval à sa mort en 1989.), Amarillo Slim parvient à convaincre Tom Snyder, le présentateur de *The Tomorrow Show*, de consacrer une émission entière à l'événement !

En 1973, la chaîne CBS Sports comprend l'intérêt de retransmettre ce genre de compétition et, à partir de cette année-là, le WSOP est retransmis à la télévision américaine : ambiance tripot enfumé bien loin de celle des tournois d'aujourd'hui... La même année sont créés quatre nouveaux tournois : le Seven-Card Stud, le Razz, le Deuce to seven Draw et un tournoi de Hold'em dont le *buy-in* est moins élevé. Ce sera une bonne année pour Walter « Puggy » Pearson, qui, non content de gagner le Main Event, remporte aussi deux des autres tournois.

À partir de 1978, le vainqueur n'est plus le seul à être payé ; cette année-là, les cinq premiers remportent un prix. C'est aussi l'année où une femme participe pour la première fois aux WSOP : la téméraire Barbara Freer !

Hal Fowler crée l'exploit en 1979. Il est le premier joueur amateur à remporter le Main Event face à une belle brochette de professionnels !

LES ANNÉES 1980 : LA LENTE PROGRESSION

Le début des années 1980 marque l'explosion du nouveau prodige du Poker : le New-Yorkais Stu Ungar ! Véritable phénomène, personnage charismatique d'un talent époustouflant, il gagne les WSOP dès sa première participation.

En 1982, les WSOP comptent onze tournois préliminaires, le fameux Main Event et une toute nouvelle épreuve : le Championnat du monde féminin. Encore un moyen pour rendre ce jeu plus accessible au grand public.

Au début des années 1980, Benny Binion, qui vieillit, délègue de plus en plus l'organisation de l'événement à son fils Jack. Celui-ci a alors une idée de génie. À 10 000 $ de *buy-in*, il crée les tournois satellites qui permettent à toutes les bourses de participer en passant par des tournois éliminatoires aux *buy-in* très peu coûteux (quelques dollars). Le nombre de joueurs engagés va alors faire un bond spectaculaire (toutes proportions gardées bien entendu, il n'y a toujours que 140 participants !).

Cette progression, lente mais continue, ne va pas sans poser quelques problèmes : en 1987, les locaux du Horseshoe sont devenus trop exigus pour accueillir tous les participants aux différents tournois du WSOP. On est obligé de déplacer des tables dans les casinos voisins, le Golden Nugget et le Four Queens ! Cela forcera le Binion's Horseshoe à ouvrir une véritable salle de Poker dans la foulée.

LES ANNÉES 1990 : LA CONFIRMATION

En 1989, la mort de Benny Binion laisse planer l'incertitude sur l'avenir de l'épreuve. C'est Jack qui reprend les affaires et les confie à deux anciens champions de Poker : Jim Albrecht et Jack McClelland. Sous cette double direction, les World Series continuent de se développer : chaque année plus d'épreuves, plus de participants. En 1991, pour la première fois, plus de 200 participants tentent de remporter le million de dollars attribué au vainqueur du Main Event !

À partir de 1997, le tournoi prend encore une autre ampleur : il dure quatre semaines pendant lesquelles tout le casino ne travaille que pour les WSOP. Toutes les salles disponibles sont réquisitionnées, les chambres également pour accueillir les joueurs. Cette année-là, la table finale du Main Event, qui vit la troisième victoire de Stu Ungar, fut placée sous les millions d'ampoules électriques de Fremont Street.

LES ANNÉES 2000 : L'EXPLOSION

Le début des années 2000 commence mal pour les WSOP : malgré le nombre croissant de joueurs, l'organisation est en proie à de graves dissensions. Jack Binion à été écarté, ce qui provoque le boycott de l'épreuve par plusieurs grands joueurs entre 1999 et 2002 !

En 2003, la concurrence nouvelle imposée par la création du World Poker Tour fait craindre le pire pour les World Series. Mais cette année-là se produit un petit miracle : le gagnant du Main Event est un parfait amateur au visage sympathique et au nom prédestiné : Chris Moneymaker. Il empoche la bagatelle de 2,5 millions de dollars ! L'identification fonctionnera à plein et, l'année suivante, 23 000 joueurs se précipitent pour participer à l'un des tournois des World Series ! Le nombre de participants au Main Event est, quand à lui, multiplié par trois. Cette véritable explosion attise les convoitises, et le groupe Harrah's Entertainment rachète le Horseshoe ainsi que les droits sur les World Series. L'épreuve déménage dans l'immense salle du Rio Casino en 2005. En 2006, les World Series of Poker comptent 45 tournois, chacun donnant droit à un bracelet en or. Plus de 100 millions de dollars de gains ont été redistribués aux joueurs dans ces 45 tournois, dont 12 millions pour le seul vainqueur du Main Event, au nom lui encore prédestiné : Jamie Gold !

LES VAINQUEURS DU MAIN EVENT

ANNÉE	VAINQUEUR ET MAIN GAGNANTE		GAIN EN $	NOMBRE DE PARTICIPANTS	ADVERSAIRE ET MAIN PERDANTE	
1970	Johnny Moss		?	7	?	
1971	Johnny Moss		30 000	6	Walter « Puggy » Pearson	
1972	Thomas « Amarillo Slim » Preston		80 000	8	Walter « Puggy » Pearson	
1973	Walter « Puggy » Pearson	A♠ 7♠	130 000	13	Johnny Moss	K♥ J♠
1974	Johnny Moss		160 000	16	Crandall Addington	
1975	Brian « Sailor » Roberts	9♠ 9♥	210 000	21	Bob Hooks	A♣ K♦
1976	Doyle Brunson	10♠ 2♠	220 000	22	Jesse Alto	A♠ J♦
1977	Doyle Brunson	10♠ 2♥	340 000	34	Gary Berland	8♥ 5♣
1978	Bobby Baldwin	Q♦ Q♣	210 000	42	Crandall Addington	9♦ 9♣
1979	Hal Fowler	7♠ 6♦	270 000	54	Bobby Hoff	A♣ A♥
1980	Stu Ungar	5♠ 4♠	385 000	73	Doyle Brunson	A♥ 7♠
1981	Stu Ungar	A♥ Q♥	375 000	75	Perry Green	10♣ 9♦
1982	Jack Strauss	A♥ 10♠	520 000	104	Dewey Tomko	A♦ 4♦
1983	Tom McEvoy	Q♦ Q♠	540 000	108	Rod Peate	K♦ J♦
1984	Jack Keller	10♥ 10♠	660 000	132	Byron Wolford	6♥ 4♥
1985	Bill Smith	3♠ 3♥	700 000	140	T. J. Cloutier	A♦ 3♣
1986	Berry Johnston	A♠ 10♥	570 000	141	Mike Harthcock	A♦ 8♦
1987	Johnny Chan	A♠ 9♣	625 000	152	Frank Henderson	4♦ 4♣
1988	Johnny Chan	J♣ 9♣	700 000	167	Erik Seidel	Q♣ 7♥
1989	Phil Hellmuth	9♠ 9♣	755 000	178	Johnny Chan	A♠ 7♠
1990	Mansour Matloubi	6♥ 6♠	895 000	194	Hans Lund	4♦ 4♣
1991	Brad Daugherty	K♠ J♠	1 000 000	215	Don Holt	7♥ 3♥
1992	Hamid Dastmalchi	8♥ 4♣	1 000 000	201	Tom Jacobs	J♦ 7♠

1993	Jim Bechtel	J♣ 6♥	1 000 000	220	Glenn Cozen	7♠ 4♦
1994	Russ Hamilton	K♠ 8♥	1 000 000	268	Hugh Vincent	8♣ 5♥
1995	Dan Harrington	9♦ 8♦	1 000 000	273	Howard Goldfarb	A♥ 7♣
1996	Huck Seed	9♦ 8♦	1 000 000	295	Bruce Van Horn	K♣ 8♣
1997	Stu Ungar	A♥ 4♣	1 000 000	312	John Strzemp	A♠ 8♣
1998	Scotty Nguyen	J♦ 9♣	1 000 000	350	Kevin McBride	Q♥ 10♥
1999	Noel Furlong	5♣ 5♦	1 000 000	393	Alan Goehring	6♥ 6♣
2000	Chris Ferguson	A♠ 9♣	1 500 000	512	T. J. Cloutier	A♦ Q♣
2001	Carlos Mortensen	K♣ Q♣	1 500 000	613	Dewey Tomko	A♠ A♥
2002	Robert Varkonyi	Q♦ 10♠	2 000 000	631	Julian Gardner	J♣ 8♣
2003	Chris Moneymaker	5♦ 4♠	2 500 000	839	Sam Farha	J♥ 10♦
2004	Greg Raymer	8♠ 8♦	5 000 000	2 576	David Williams	A♥ 4♠
2005	Joe Hachem	7♣ 3♠	7 500 000	5 619	Steve Dannenmann	A♦ 3♣
2006	Jamie Gold	Q♠ 9♣	12 000 000	8 773	Paul Wasicka	10♥10♠
2007	Jerry Yang	8♦ 8♣	8 250 000	6 358	Tuan Lam	A♦ Q♦
2008	Peter Eastgate	A♦ 5♠	9 152 416	6 844	Ivan Demidov	4♥ 2♥
2009	Joe Cada	9♦ 9♣	8 547 042	6 494	Darvin Moon	Q♦ J♦
2010	Jonathan Duhamel	A♠ J♥	8 994 310	7 319	John Racener	K♦ 8♦
2011	Pius Reinz	A♠ K♣	8 715 638	6 865	Martin Staszko	10♣ 7♣
2012	Greg Merson	K♦ 5♦	8 531 853	6 598	Jesse Sylvia	Q♠ J♠
2013	Ryan Riess	A♥ K♥	8 361 570	6 352	Jay Farber	Q♠ 5♠
2014	Martin Jacobson	10♥ 10♦	10 000 000	6 683	Felix Stephensen	A♥ 9♥
2015	Joe McKeehen	A♥ 10♦	7 683 346	6 420	Joshua Beckeley	4♣ 4♦

Rio
Rio
PENN & TELLER
Rio
VOODOO
ROOFTOP NIGHTCLUB
PENN & TELLER
VECTOR

DES TOURNOIS PAR MILLIERS

Les compétitions, si prestigieuses et médiatiques soient-elles, ne sont pas les seules à remporter un vif succès auprès des amateurs de Poker. Il existe en effet des dizaines et des dizaines de tournois de Poker qui se déroulent chaque mois, chaque semaine, chaque jour, à Las Vegas bien sûr, mais aussi dans à peu près tous les casinos. Chacun de ces tournois propose une variante de Poker différente ainsi que des montants de gains très variables. Chaque casino tient une liste régulièrement mise à jour de ses propes compétitions et, si vous le désirez, vous pouvez retrouver les calendriers de ces tournois sur les sites officiels des casinos concernés. Cela pour vous prouver que la pratique du Poker peut devenir une occupation à part entière, à temps plein, voire un véritable métier !

LE WORLD POKER TOUR

Le World Poker Tour est diffusé à la télévision dès sa première édition, et les progrès de la technique ont permis aux téléspectateurs d'observer les cartes des joueurs en direct, contribuant largement au succès de cette compétition.

Ce tournoi de Poker se déroule également une fois par an à Las Vegas, mais il est beaucoup plus récent que le World Series of Poker. Né en 2002, il a activement contribué à la médiatisation du Poker dans le monde.

À l'origine de ce tournoi, on trouve un homme, Steve Lipscomb, qui décide de se lancer dans l'aventure d'une compétition de Poker retransmise à la télévision. Fan de Poker, il pense tout de suite à exploiter la technologie des *hole cams* qui permettent aux téléspectateurs de voir toutes les cartes en jeu. Son objectif est alors de créer un divertissement télévisé disposant d'un capital « dramatique » et pouvant témoigner des émotions que peut éprouver un joueur de Poker.

La première diffusion a lieu en 2003 et c'est un succès instantané. Tous les vendredis soir, les téléspectateurs sont toujours plus nombreux devant leur poste. La notoriété du programme est telle que plusieurs déclinaisons sont mises sur pied, comme entre autres le Professional Poker Tour.

En France, c'est la chaîne privée Canal Plus qui diffuse le programme avec, pour commentateurs, Patrick Bruel et Denis Balbir. Dans le monde, plus de 120 pays rediffusent le tournoi événement, et le succès est en général parfaitement comparable à celui d'une grande rencontre sportive. L'association du jeu et de la télévision a amené un nouveau type de joueurs avec, parmi eux, des célébrités du show-business. Le tournoi n'est absolument pas réservé aux seuls joueurs professionnels, mais il faut toujours tout d'abord réussir à se qualifier, par exemple sur des sites de jeu en ligne. Certaines de ces qualifications sont payantes, d'autres gratuites.

Pour en savoir plus : www.worldpokertour.com

L'EUROPEAN POKER TOUR (EPT)

L'European Poker Tour est calqué sur le World Poker Tour, mais à l'échelle européenne étant donné que la quasi-totalité des étapes du WPT se déroule aux États-Unis. Ce circuit a débuté en 2004 au tournoi de Barcelone et s'est poursuivi avec six autres tournois dont celui de Deauville. La finale de la saison se déroule au Casino de Monte-Carlo.

En 2007, l'étape de Deauville a été annulée après une plainte de La Française des Jeux, le tournoi étant sponsorisé par un site de Poker en ligne.

L'AUSSIE MILLIONS

Le championnat de Poker australien, appelé « Aussie Millions », a débuté en 2001 avec 40 participants locaux et un droit d'entrée à 5 000 dollars australiens (3 000 €). En 2003, le championnat est devenu un rendez-vous international en s'ouvrant aux professionnels étrangers (122 participants).

Le tournoi n'a cessé de prendre de l'ampleur. Il est devenu l'événement Poker de l'hémisphère sud et l'un des plus riches tournois de Poker avec un *prize pool* de plus de 7 millions de dollars australiens.

QUELQUES RECORDS !

PHIL HELLMUTH a remporté à ce jour 14 bracelets WSOP et détient le record de victoires aux WSOP. C'est aussi lui qui détient le record des tables finales (53) et de places payées (109) !

En 1988, **JOHNNY MOSS** devient le plus vieux vainqueur d'un bracelet dans l'épreuve du $ 1 500 Limit Ace to Five Draw, le jour-même de ses 81 ans. Il est également le joueur le plus âgé ayant remporté le Main Event (en 1974, à presque 67 ans). Avec trois victoires dans le Main Event (en 1970, 1971 et 1974), il partage avec Stu Ungar le record des victoires dans l'épreuve.

BERRY JOHNSTON peut lui se vanter d'être rentré dans l'argent au moins une fois pendant toutes les éditions entre 1982 et 2010, soit 29 ans !

TODD BRUNSON, le fils de Doyle, a remporté le $ 2 500 Omaha 8 or better event en 2005. C'est la première fois qu'un père et son fils gagnent chacun un tournoi du WSOP.

Pour en savoir plus : www.worldseriesofpoker.com

K

159

LES BASES
DU POKER

LE MATÉRIEL

Avant d'entrer dans le détail des règles du Poker, il faut d'abord vous donner des conseils sur le matériel à acquérir pour jouer confortablement. Vous pouvez bien entendu prendre un jeu de cartes tout bête, prendre quelques gros haricots, vous attabler dans la cuisine avec quelques amis et « taper le carton ». Mais ça serait dommage de vous priver des sensations et de l'ambiance que procurent de jolis accessoires… Dans tous les domaines, vous allez trouver des produits pour toutes les bourses, qu'il s'agisse des cartes, des jetons et des autres détails de l'organisation d'une partie.

LES CARTES

Le point de départ, ce sont les cartes à jouer. Vous avez bien entendu besoin d'un jeu de 52 cartes pour les variantes les plus fréquemment jouées. Dans une partie de Poker, les tours de jeu sont rapides : il faut battre et distribuer souvent. Il faut donc choisir un jeu de cartes solide si vous ne voulez pas en changer trop souvent. Cet investissement sera finalement rentable car les jeux premiers prix en carton vous feront une soirée, et encore… Préférez donc les cartes toilées ou les cartes 100 % en plastique.

Les différentes qualités de cartes

■ CARTONNÉES : elles sont faites de plusieurs feuilles de carton collées ensemble. Ce sont les moins chères. Mais très vite elles se retrouvent cornées, marquées et glissent mal. Surtout si vous jouez au Texas, où les joueurs prennent l'habitude de soulever simplement le coin de leurs cartes privatives pour en prendre connaissance, elles vont vite être très abîmées.

■ TOILÉES : ces cartes sont plus solides que les précédentes. La base, c'est toujours le carton, mais elles sont recouvertes d'un film plastique. Elles tiennent mieux le coup. Ce sont souvent ces cartes qui sont utilisées lors des compétitions de Poker.

■ PLASTIFIÉES : ce sont les cartes les plus chères (entre 10 et 15 €) mais elles sont entièrement en plastique. Faites l'expérience, essayez de les déchirer : impossible ! Elles sont

aussi lavables. Elles vous permettront de jouer de très longues et nombreuses soirées de jeu. Les grandes marques sont Kem ou Gemaco.
Pour l'ambiance *made in USA*, on joue ordinairement au Poker avec des jeux de type américain où les figures sont marquées K (pour *King* : Roi), Q (pour *Queen* : Reine), J (pour *Jack* : Valet). Mais les jeux de type français, marqués R, D et V pour les figures, marchent tout aussi bien, évidemment !

Le mélange des cartes

Mélanger les cartes, vous savez faire. Il peut être amusant de s'entraîner à quelques techniques de battage très « pros » : dans les parties privées, vous parviendrez ainsi à impressionner vos adversaires. Si vous êtes malhabile, ou lassé de battre sans arrêt, vous devez savoir qu'il existe un petit accessoire superflu mais commode qui s'appelle en anglais un *card shuffler*, c'est-à-dire un mélangeur automatique. Choisissez dans ce cas un jeu solide car la machine malmène un peu les cartes.

La distribution

Pour la distribution, il peut être confortable de se servir d'un sabot, qui tient bien les cartes et qui les dissimule : elles glisseront mieux à la distribution. Il en existe à tous les prix selon le matériau utilisé.

LES JETONS

C'est l'accessoire qui donne le plus de plaisir lorsqu'on joue. Si vous observez les émissions de télévision qui retransmettent les compétitions, vous verrez que les joueurs les manipulent, les font circuler entre leurs doigts, les soupèsent pour se détendre et pour prendre la mesure des enjeux. Il est impensable de jouer avec des haricots ou de vieux billets de Monopoly ! Comment ressentiriez-vous la sensation forte du « *all in !* », c'est-à-dire ce moment où vous ferez tapis en misant toute votre fortune, si vous poussez des allumettes ?
Le choix de jetons est immense, depuis les jetons ordinaires jusqu'aux jetons précieux. Sachez que pour jouer confortablement à quatre ou cinq, il faut au minimum 300 jetons répartis en cinq couleurs correspondant à des valeurs différentes. Les mallettes de jetons vendues dans le commerce correspondent à cela. Nous vous conseillons les jetons muets où aucune valeur n'est indiquée : il sera plus facile de les adapter ensuite à toutes les circonstances de jeu.

COULEURS DE JETONS

En général,
les valeurs des couleurs
sont les suivantes :
Blanc = 1
Rouge = 5
Bleu = 10
Vert = 25
Noir = 100
Et éventuellement,
si on a sept couleurs :
Jaune = 50
Violet = 500
En général, on dispose
de deux fois plus
de jetons blancs
que des autres.

LES DÉCORS

Les jetons de Poker présentent souvent des décors qui sont dûment répertoriés. Sachez qu'il existe aux États-Unis une association de collectionneurs de jetons, notamment anciens, qui édite une luxueuse revue trimestrielle, *Casino Chip & Token News*. (Voir http://www.ccgtcc.com/). Voici les noms américains des principaux décors de jetons :

LES *DICED*
(de *dice* : « dé » en français) : marqués de dés séparés par de larges carrés blancs ;

LES *STRIPED*
(« rayés ») ;

LES *SUITED* :
marqués avec les quatre couleurs du Poker, pique, cœur, carreau et trèfle. Certaines mains, telles que A-A ou A-K, peuvent aussi décorer les jetons. Et certains jetons combinent tous ces éléments !

Un détail : lorsque le bord des jetons fait alterner deux couleurs en mosaïque, si vous voulez vérifier qu'on vous vend des jetons de bonne qualité, faites une pile et vérifiez que vous pouvez parfaitement aligner les couleurs d'un jeton à l'autre !

Dans la mallette, vous trouverez aussi trois éléments bien pratiques : un « bouton » spécial de *dealer*, qui permet de repérer le donneur en le plaçant devant lui, ainsi que deux jetons *blind* et *surblind* qui servent aussi à identifier du premier coup d'œil dans certaines variantes les 2 joueurs qui ont des mises forcées au début du coup.

La matière des jetons

Choisissez les jetons qui correspondent le mieux à votre budget et à votre plaisir. Sachez qu'il existe trois qualités différentes :

- les jetons en plastique : ce sont les moins chers, mais les moins agréables ;
- les jetons composites (ABS) : ce sont les plus résistants, avec leur cercle métallique recouvert de plastique. Ils pèsent en général 11,5 g ;
- les jetons en argile, appelés aussi *clay chips* : ce sont ceux des casinos, très agréables au toucher. Leur poids est compris entre 8 et 13,5 g.

Les jetons en plastique ne donnent pas les mêmes sensations, notamment au niveau du poids ; ceux en argile sont sans nul doute les plus authentiques, mais aussi les plus fragiles ; quant aux jetons en composite, ils constituent un bon compromis et sont les plus fréquemment utilisés.

LE TAPIS DE JEU

Le plan de jeu est important. Si vous jouez sur une surface très glissante, vous risquez, avec un jeu neuf, de faire tomber des cartes par terre à la distribution. Lorsque vous jouez entre amis, choisissez aussi une table de la bonne taille pour que chacun puisse atteindre facilement le pot au centre. Suivant la qualité des jetons, pensez aussi à protéger les tables trop fragiles sur lesquelles ils risquent de laisser des rayures. Bref, l'idéal c'est d'avoir, sinon une table de Poker spécifique, au moins un tapis de jeu en feutre. Vous pouvez l'improviser en achetant un morceau de feutrine, mais pour ajouter encore à l'ambiance, vous trouverez dans le commerce des tapis à tous les prix.

LES LUNETTES ET AUTRES GRIS-GRIS

Si vous êtes un familier des retransmissions de compétitions, vous avez déjà remarqué les tenues bizarres, parfois même extravagantes des champions. Et en particulier vous avez noté qu'ils sont nombreux à s'abriter derrière des lunettes de soleil, des capuches, des casquettes visière baissée... À vous de voir jusqu'où vous voulez leur ressembler !

En même temps, si vous maîtrisez parfaitement vos émotions, vous serez peut-être plus impressionnant encore sans aucun de ces accessoires… En tout cas, sachez-le, en tournoi vous pouvez vous amuser à jouer le personnage de votre choix, il n'y a aucune limite à l'extravagance : lâchez-vous ! Mais n'oubliez pas de rester concentré…
Ils sont nombreux aussi à adopter ce qu'on appelle en anglais des *card holders*, c'est-à-dire de petits gris-gris à poser sur leurs cartes privatives au Texas pour se porter chance. Aucune limite, là non plus, à l'imagination, à condition que ça ne soit pas trop encombrant ! Revolver miniature, porte-clef fétiche, toutes les superstitions sont admises… et, bien entendu, l'accessoire se vend à Las Vegas si vous passez par là… ou sur Internet.

ANTE

LES RÈGLES DE BASE

Parmi les jeux de cartes, beaucoup se jouent en faisant des plis (qu'on appelle aussi des levées) comme la belote, le bridge ou le tarot. Mais le Poker n'est pas un jeu de ce type. Certes, on distribue bien des cartes à chacun des participants, mais c'est un jeu de combinaisons, sans levées, aux multiples variantes. Il ne s'agit pas d'accumuler des cartes ou au contraire de s'en débarrasser, mais on doit constituer la plus forte combinaison de cinq cartes… ou faire croire à ses adversaires qu'on dispose de la main la plus forte. Pour bien comprendre ces diverses combinaisons, rappelons les caractéristiques d'un jeu de cartes banal : c'est sur ces critères que les combinaisons vont se baser. Une carte à jouer se définit par : sa couleur (♠,♥,♦,♣) ; sa hauteur (le chiffre écrit qu'on appelle aussi sa valeur faciale : 2, 3, 4... et la succession des figures J, Q, K, A pour Valet, Dame, Roi, As). Entrons dans les détails...

LES COULEURS

Au Poker, le terme couleur désigne toujours le symbole précis marqué sur la carte (♠,♥,♦,♣).
Les quatre couleurs ont la même valeur.
Dans un jeu de 52 cartes, chaque couleur compte treize cartes. Dans un jeu de 32 cartes, il n'y a plus que huit cartes par couleur (les 2, 3, 4, 5 et 6 ont disparu du jeu).

LA VALEUR DES CARTES

Les treize cartes sont classées par ordre croissant de force, du 2 à l'As. Comme dans beaucoup de jeux, au rami par exemple ou au black jack, l'As peut toutefois prendre la valeur du 1 (inférieur au 2) selon l'intérêt du joueur qui le possède.

LA VALEUR DES MAINS

Carré d'As ! Brelan ! Quinte Flush ! Des noms, sans doute, qui vous sont déjà familiers ! Quelle que soit la variante de Poker que vous choisirez, vous devrez former la meilleure main de cinq cartes pour battre vos adversaires. Nous allons passer en revue ces mains possibles.

Il existe huit combinaisons. Elles sont classées en fonction de la probabilité que vous avez de les réaliser. De la plus courante, la paire, à la plus rare (et donc la plus forte), la quinte flush royale, leur hiérarchie n'est pas due au hasard.
Selon les variantes (suivant que vous jouerez avec un jeu de 52 ou de 32 cartes), les probabilités d'obtenir chaque combinaison (et donc leur rang) peuvent varier légèrement ! Renseignez-vous donc toujours avant de vous asseoir à une table sur la hiérarchie retenue ! Voici néanmoins la plus courante, celle qui s'applique pratiquement à toutes les variantes de Poker.

La paire
La paire est la combinaison la plus fréquente, celle que vous obtiendrez le plus souvent à la distribution. Elle est formée par deux cartes de même valeur et accompagnée de trois autres cartes quelconques.

Paire de 8

Deux paires
Comme son nom l'indique, c'est le jeu composé de deux paires différentes. Évidemment, une cinquième carte quelconque les accompagne.

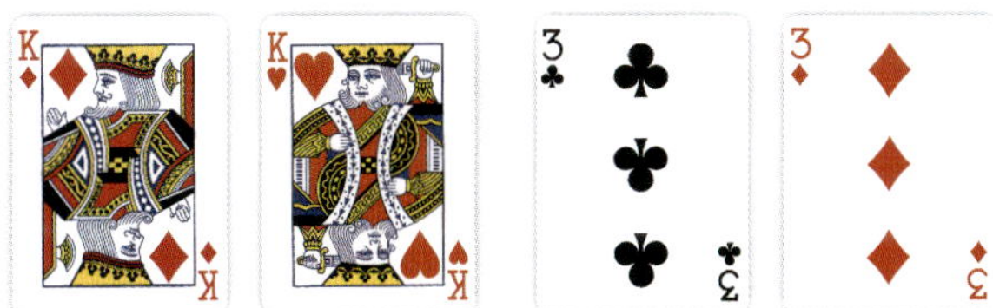
Deux paires K-3

Le brelan
Le brelan est composé de trois cartes de même valeur.

Brelan de 6

La quinte
La quatrième combinaison dans la hiérarchie des mains du Poker est la quinte. Elle se compose de 5 cartes dont les valeurs se suivent mais de couleurs différentes.

Quinte à la dame

La couleur

Directement au-dessus de la quinte, on trouve la couleur. Elle est formée de 5 cartes de même couleur mais qui ne se suivent pas. Rappelons bien que le mot « couleur » n'évoque pas la teinte rouge ou noire, mais la couleur précise des cartes à jouer : ♠, ♥, ♦, ♣.

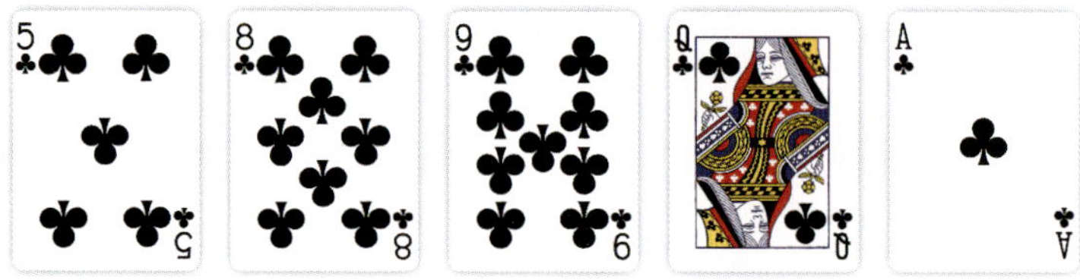

Couleur à trèfle

Le full

Le full est la main constituée d'un brelan et d'une paire. Il s'agit d'une main très forte, très souvent gagnante.

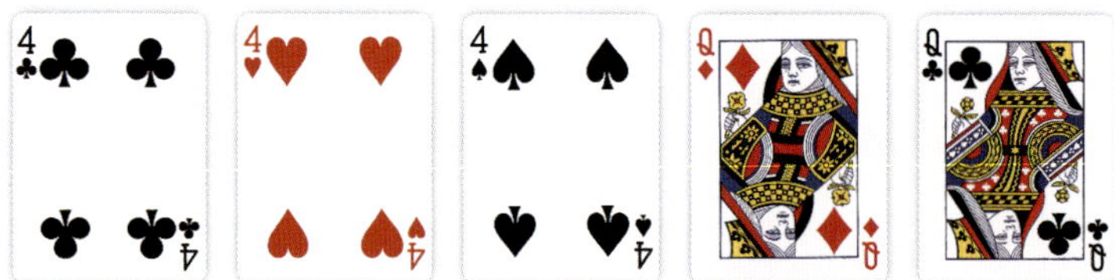

Full aux 4

Le carré

Combinaison mythique du Poker, le carré n'est pas celle qui vous fait gagner à tous les coups, mais quand vous en aurez un entre vos mains, vos chances de gain seront très sérieuses ! Le carré est formé de 4 cartes de même valeur.

Carré de dames

La quinte flush

La plus forte de toutes les combinaisons possibles est la quinte flush. Il y a seulement 40 possibilités de quintes flush dans un jeu de 52 cartes ! La quinte flush est la suite de 5 cartes de même couleur.

Quinte flush au 9

La « Rolls » du Poker, le jeu que tout joueur rêve de toucher, est la quinte flush finissant par l'As : la quinte flush royale.

Quinte flush royale

L'As peut aussi vous servir à réaliser la plus faible des quintes flush : cette quinte particulière est appelée quinte blanche ou roue.

Quinte blanche

Il existe 2 598 960 mains de 5 cartes différentes dans un jeu de 52 cartes. Voici les chances que vous avez de constituer chaque combinaison si vous tirez 5 cartes au hasard dans un paquet de 52 cartes :

MAIN	NOMBRE	PROBABILITÉ D'OBTENIR CETTE MAIN
Aucune combinaison	1 302 540	50,11774 %
Paire	1 098 240	42,25690 %
Deux paires	123 552	4,75390 %
Brelan	54 912	2,11285 %
Quinte	10 200	0,39246 %
Couleur	5 108	0,19654 %
Full	3 744	0,14406 %
Carré	624	0,02401 %
Quinte flush	40	0,00154 %
Total	2 598 960	100 %

LE KICKER

Le *kicker* est une carte importante au Poker. C'est la plus haute carte non combinée, la carte d'appui qui départage des jeux égaux. C'est très souvent la carte qui fera la différence, en particulier dans les variantes où des cartes communes sont mises à la disposition des joueurs pour réaliser des combinaisons en agençant cartes personnelles et cartes communes au mieux de leurs intérêts.

LA COMPARAISON DES MAINS

Dans certains cas, il faudra plus que la simple comparaison des combinaisons pour désigner le vainqueur. Il existe aussi des situations où deux jeux ne peuvent être départagés. On partage alors le pot en deux parts égales. Voyons un peu différents cas de figure.

Cas n° 1 : aucune combinaison

Parfois aucun joueur ne parvient à former de combinaison. On compare la valeur de la plus forte carte dans chaque jeu. En cas de nouvelle égalité, on compare la suivante et ainsi de suite jusqu'à la cinquième carte.

Cas n° 2 : plusieurs joueurs abattent la même combinaison

Si plusieurs joueurs abattent deux paires, on ne compare d'abord que la valeur de la paire la plus forte chez chacun d'entre eux. Si 2 joueurs possèdent la même paire supérieure, on les départage grâce à l'autre paire :

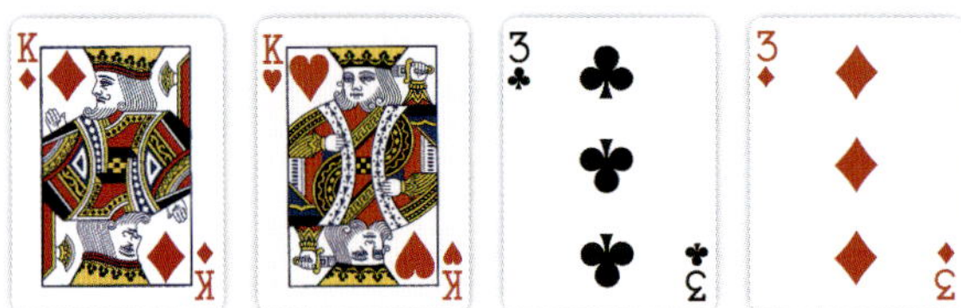

Joueur 1
Deux paires K-3

Joueur 2
Deux paires K-10

Dans cet exemple, les 2 joueurs ont chacun deux paires. Ils ne peuvent être départagés par leur paire de Rois. C'est donc la deuxième paire de leur main qui désigne le vainqueur : ici, c'est le deuxième joueur qui rafle le pot grâce à ses 10 qui battent les 3. Le principe est toujours le même : lorsque plusieurs joueurs possèdent le même type de combinaison, c'est celle composée des cartes les plus hautes qui l'emporte. Si les combinaisons sont strictement identiques, c'est la carte qu'on appelle le *kicker*, c'est-à-dire la plus forte des cartes hors combinaison, qui fait la différence. En cas d'égalité parfaite, le pot est partagé entre les joueurs.

LES ACTIONS DU POKER

La comparaison des mains au Poker, c'est la première base du jeu, mais cela ne suffit évidemment pas ! Dans toutes les versions du jeu, il va falloir apprendre à tirer partie de votre main et à la défendre en misant de l'argent sur vos chances de remporter le coup. Le principe de base, c'est que dès que quelqu'un mise une somme, tous ceux qui veulent rester dans le coup doivent au moins mettre autant que lui dans le pot.
On distingue au Poker cinq actions que nous allons détailler : Parole ou checker (en anglais *Check*) ; Ouvrir (*Bet*) ; Suivre (*Call*) ; Relancer (*Raise*) ; Passer (*Fold*).

Parole ou checker (Check)
Cette action n'est possible que lorsque vous n'avez pas besoin de remettre d'argent pour rester dans le coup : votre mise est déjà égalisée avec celle des autres joueurs. On marque souvent cette action sans même parler, en tapotant le bout des doigts sur la table. Cela veut dire que vous restez dans la partie et que vous désirez voir des cartes sans payer davantage. Si tous les joueurs checkent au cours d'un tour d'enchères, la partie continue sans que le pot augmente. C'est une action masquée : vous pouvez checker pour laisser venir les autres joueurs, même avec un jeu fort, ou bien avoir un jeu faible et ne pas trop oser vous avancer sans savoir où en sont vos adversaires.

Ouvrir (Bet)
Ouvrir, c'est aussi simplement miser. C'est ce que fait un joueur lorsqu'il mise de l'argent au pot alors que rien ne l'y oblige. Cette somme misée, quelle que soit sa hauteur, oblige les autres joueurs à au moins s'aligner s'ils veulent rester actifs, c'est-à-dire à participer au coup (en anglais on dit qu'ils sont *alive*). C'est une vraie décision d'ouvrir ainsi les hostilités ! Une ouverture prudente permet de tester les réactions des autres joueurs.

Suivre (Call)
Suivre ou coller, cela veut dire qu'on met dans le pot la somme suffisante pour égaliser ses mises avec les autres. Quelqu'un a ouvert ou a fait une mise forcée : si vous voulez jouer le coup, il faut que vous mettiez au moins le même montant. Quand vous mettez cette somme et pas plus, vous suivez. Ce n'est qu'en suivant que vous pourrez aussi connaître le jeu du gagnant : si personne ne le suit, le dernier joueur en lice touche le pot sans rien montrer de son jeu à personne, c'est un peu frustrant, mais c'est parfois trop cher payé de suivre simplement « pour voir » sans avoir aucune chance de l'emporter…

LE PREMIER TOUR

Au premier tour d'enchères, dans les versions du Poker où il y a des mises forcées, par exemple au Texas où les 2 premiers joueurs doivent placer pour entrer dans le jeu une *blind* et une *surblind*, c'est-à-dire deux mises à l'aveugle sans regarder leurs cartes, plus personne ne peut checker. Seul le surblindeur, s'il n'y a pas eu de relance de la part de ses adversaires, peut checker quand le tour revient à lui : il est alors le dernier à parler dans ce premier tour.

Relancer (Raise)
Relancer, c'est mettre dans le pot plus de mise qu'il n'est nécessaire pour rester dans le coup. Vous devez avancer sur la table en une seule fois la somme nécessaire pour égaliser et la somme supplémentaire de votre relance. Pas de pause entre les deux. La relance, c'est une manière de faire pression sur les adversaires : si elle est très forte, elle peut dissuader les autres de vous suivre ensuite. C'est bien si votre jeu n'est pas assuré d'être le meilleur, c'est moins bien si vous avez ce qu'on appelle un jeu max : il ne faut pas trop vite décourager les adversaires de remplir le pot que vous remporterez ! Bref, la relance est affaire de dosage tactique et fait partie d'une technique qui fait tout le charme du Poker et que nous détaillerons un peu plus loin : le bluff !

Passer (Fold)
Dernière action possible : passer. C'est la décision d'abandonner le coup. Si vous aviez déjà mis des jetons dans le pot, ils sont irrémédiablement perdus... Mais souvent c'est une sage décision qui vous évite d'en perdre d'autres ! En même temps que vous annoncez votre décision, vous devez avancer votre jeu vers le donneur faces cachées pour le jeter. C'est une décision parfois difficile à prendre, notamment pour les débutants qui se séparent difficilement d'un As, même quand ils n'ont plus aucune chance de gagner...

LA POSITION DES JOUEURS

Au Poker, il y a encore un élément à prendre en compte que les débutants pensent rarement à intégrer à leur stratégie, c'est la position à la table. La question de la position se pose un peu différemment suivant les variantes, mais nous pouvons tout de même donner quelques indications générales.
La position est importante en particulier dans les parties qui réunissent plus de 6 joueurs. Pour le jeu à 2, elle est moins complexe à gérer et elle indique simplement celui qui parle en premier et celui qui parle en dernier : il vaut toujours mieux parler après l'adversaire. Dans la variante du Texas Hold'em, c'est en particulier un élément de stratégie primordial que de savoir jouer la position, c'est-à-dire évaluer ses mains et ses mises en fonction de sa place.
En tout cas, globalement, on peut dire qu'il est beaucoup plus aisé de se retrouver en fin de parole.
Imaginons une table de 10 joueurs, par exemple, il existe plusieurs positions clés. Pour

POUR SE FAIRE RESPECTER

Une des tactiques les plus efficaces au Poker, c'est de rester tapi dans l'ombre en attendant que les autres se dévoilent. Si, dans le même tour d'enchères, vous commencez par checker paisiblement en attendant qu'un autre ouvre, quand le tour revient à vous, au lieu de suivre tout bêtement, faites une bonne relance : l'adversaire saura qu'il faut compter avec vous... C'est ce qu'on appelle aussi le *check-raise*.

fixer les choses, choisissons l'exemple d'une partie avec *blind* et *surblind* (au Texas, par exemple) où les 2 joueurs qui suivent le donneur doivent placer deux mises forcées :

- Joueur 10 : Bouton du donneur
- Joueur 1 : *Blind*
- Joueur 2 : *Surblind*
- Joueur 3 : *Under The Gun* (UTG)

En « début de parole » : les joueurs 1, 2, 3 et 4

Au premier tour d'enchères, ces places ont quelques avantages : le joueur 1 et le joueur 2, qui misent de manière automatique en *blind* et *surblind*, ne dévoilent rien de leur jeu. Quant au joueur 3, il est le premier à pouvoir parler : s'il a un jeu très fort, il peut, du coup, s'imposer par une grosse relance qui dissuadera les joueurs craintifs ou faibles. C'est la position par excellence du bluff ! Le joueur 4 sur une table de dix a presque le même avantage.

Mais aux tours d'enchères suivants, ces positions sont désavantagées : les premiers joueurs se découvrent les premiers, ce qui est parfois très inconfortable.

Bref, en début de parole, il faut être plutôt agressif au premier tour, mais il est conseillé de ne rentrer dans le jeu à ces places-là que si on a un jeu puissant.

Le cas du joueur 2, le surblindeur, est délicat : il s'est engagé dans le pot automatiquement pour une somme qui peut ne pas être négligeable ; il faut donc parfois la défendre.

En « milieu de parole » : les joueurs 5, 6, 7 et 8

Ces positions intermédiaires conviennent assez bien aux joueurs prudents et attentistes. Vous avez déjà des informations quand vous prenez la parole et vous n'avez plus beaucoup d'adversaires après vous : vous pouvez évaluer comment la partie va tourner et qui va rester en lice.

En « fin de parole » : les joueurs 9 et 10

Voilà les places de choix ! Au moment de vous déterminer, vous avez presque toutes les informations : qui reste encore dans le coup ? Quelles sont les relances ? De quelle hauteur ? Par qui ?

Il vous reste à savoir si vous devez vous aussi continuer le coup et si vous devez simplement suivre ou relancer. Le *dealer*, donneur, qu'on dit encore au bouton, est le joueur qui a la possibilité de jouer le plus grand nombre de mains, car même avec un jeu un peu faible, s'il n'y a pas eu de relance, il peut toujours suivre au premier tour d'enchères

LE DUEL

En tête à tête, l'éventail des mains jouables est beaucoup plus grand. Il suffit d'avoir soit des cartes connectées, soit des cartes de même couleur, soit une figure ou un As pour pouvoir se lancer, puisqu'on n'a qu'un jeu contre soi !

car il ne reste plus que le blindeur et le surblindeur après lui. Aux tours suivants, il est le dernier à parler : la position royale !

En résumé : plus vous parlez tôt, plus il faut jouer serré. Plus vous parlez tard, plus vous avez d'informations pour agir : ne laissez pas passer ces bonnes positions sans en tirer le meilleur parti possible !

LES STRUCTURES D'ENCHÈRES

Au Poker, il existe plusieurs structures d'enchères que vous pouvez adopter. Libre à vous de vous mettre d'accord avec vos partenaires de jeu sur le système qui correspond le mieux aux types de partie que vous souhaitez et aux montants que vous voulez engager. Même si certaines structures sont plus fréquentes pour telle ou telle variante, rien ne vous empêche par convention de les adopter pour une autre variante qui ne l'applique pas habituellement.

On distingue quatre grandes structures d'enchères au Poker. Selon la manière dont les mises sont encadrées, votre stratégie, vos espoirs de gains et vos craintes de perte sont assez différents. À vous de bien gérer tous ces paramètres.

Le Limit Poker

Comme son nom l'indique, cette structure d'enchères limite et fixe par avance les enjeux. Quand on indique qu'on va jouer au Limit, on doit en même temps donner deux chiffres : celui de la petite mise (ou *small bet*) et celui de la grosse mise (*big bet*) : on dit par exemple qu'on joue une partie « Limit 10-20 » ce qui veut dire que la relance des joueurs sera limitée à 10 dans les deux premiers tours d'enchères et à 20 dans les tours suivants. Et souvent, on fixe aussi le nombre de relances par tour d'enchères : souvent il est limité à 3. La *blind* est fixée à la moitié de la *small bet* et la *surblind* à sa valeur. Cette forme d'enchères est excellente pour les débutants qui veulent jouer beaucoup de coups sans trop risquer. En effet, la participation au coup ne coûte pas très cher et se trouve plafonnée.

Le Spread Limit Poker

Le Spread Limit ressemble beaucoup au Limit. Mais les mises et les relances des joueurs sont comprises dans une certaine fourchette. Par exemple, si on joue une partie en Spread Limit 50-100, les joueurs peuvent miser ou relancer toute somme entre 50 et 100.

Limit Poker
EXEMPLE

Nous allons prendre un exemple au Texas.

Imaginons qu'Alan, Barbie, Charles et Danny jouent au Limit Hold'em 10-20. Alan est petite *blind*, il met 5 dans le pot ; Barbie est grosse *blind*, elle dépose 10. Danny est au bouton, Charles parle en premier au premier tour d'enchères.

Pour rester dans le coup après les *blinds*, il doit mettre 10. En réalité, Charles relance de 10 et met donc 20 dans le pot. Danny suit, il met 20.

Le tour de parole revient à Alan qui suit et qui paie donc 15. Barbie suit également et complète de 10.

Le pot à la fin du premier tour d'enchères est donc de 80 (5+10+20+20+15+10) : chacun a mis 20 dans le pot. Au deuxième tour, si le pot est relancé au maximum, c'est-à-dire 3 fois dans ce tour et que tous les joueurs restent en lice, le pot pourra grossir de 160 (40 par joueur).

Dans les deux derniers tours, dans les mêmes conditions, le pot pourra grossir de 320 par tour.

Le montant maximum que peut atteindre un pot dans ces conditions est de :

160+160+320+320 = 960

Pot limit
EXEMPLE

Reprenons notre exemple de Texas, avec les mêmes joueurs qui font maintenant une partie en Pot Limit. Imaginons que nous sommes après le *flop* avec déjà 100 au pot. Alan est le premier à parler : il peut donc miser jusqu'à 100. Il choisit de miser finalement 50. Barbie qui parle ensuite doit mettre 50 pour suivre, mais elle peut relancer jusqu'à la hauteur du pot au moment où elle relance, c'est-à-dire de 200.
Si c'est ce qu'elle fait, elle le fait passer à 400. Cela veut dire qu'à son tour de jouer, chacun peut faire doubler le pot s'il le souhaite.
Et donc, les mises peuvent s'envoler assez vite.

Le Pot Limit

Cette structure est beaucoup plus coûteuse et assez complexe à mettre en œuvre. Cette fois, vous pouvez relancer à la même hauteur que le montant déjà dans le pot au moment précis où vous jouez. Pour calculer la somme au pot, et donc le montant maximal de votre relance, vous y ajoutez le montant nécessaire pour déjà suivre. Les enchères peuvent donc vite s'envoler : plus vous misez, plus vous faites enfler le pot et plus vous pouvez miser ! Attention à l'inflation !

Le No Limit

La structure du No Limit est particulièrement jouée au Texas, même si on peut décider de l'appliquer dans d'autres variantes. C'est d'ailleurs la structure la plus prestigieuse du Texas Hold'em. Le montant maximum de la relance d'un joueur n'est limité que par son tapis, c'est-à-dire par l'ensemble des jetons qu'il a devant lui, et cela dès le premier tour d'enchères. C'est la structure d'enchères qui permet le plus de bluff : la pile des jetons qu'on avance en disant « *All in !* » ou encore « Tapis ! » est censée décourager tous les joueurs affaiblis ou peureux…

LES COTES

Connaître les probabilités statistiques au Poker est l'une des clés de la réussite. Si vous êtes débutant, vous ne devez pas vous laisser décourager par tous ces calculs : vous y reviendrez plus tard quand vous serez plus expérimenté. Mais si vous voulez devenir un joueur redoutable sur le long terme, vous devez vous familiariser avec le concept de cotes (*odds* en anglais). Ces cotes vous indiqueront à tout moment s'il est intéressant de rester dans le coup ou bien s'il faut en sortir.

Quelques chiffres clés

Pour commencer, voici quelques chiffres clés qu'il vous faudra connaître absolument :

- nombre de cartes dans le paquet : 52 ;
- nombre de cartes par couleur : 13 ;
- nombre de cartes par hauteur : 4.

Vous devrez aussi, à tout moment, connaître le nombre de cartes restant dans le paquet. Ce nombre est très variable selon les variantes et le nombre de joueurs, mais sachez en tout cas que plus nombreuses seront les cartes distribuées, moins vous aurez de chances d'améliorer votre jeu !

Les paramètres

Il existe plusieurs paramètres qui font varier la valeur de votre jeu :

- la valeur de vos cartes ;
- le nombre de cartes amélioratrices possibles dans le paquet (les *outs*) ;
- la probabilité de les toucher (les *odds*) ;
- la cote financière du pot (le montant que vous devrez engager dans le pot par rapport au gain éventuel que vous pouvez espérer) ;
- la cote implicite ;
- le montant de votre tapis.

La valeur de vos cartes de départ

Pour commencer, vous pourrez compter sur la valeur de vos propres cartes.

Les outs

Les *outs* sont le nombre de cartes encore présentes dans le paquet et susceptibles d'améliorer votre jeu. Si vous possédez quatre cartes de la même couleur, par exemple, il existe encore dans le jeu 13-4 = 9 cartes susceptibles de vous apporter cette couleur. Le nombre d'*outs* peut s'additionner, si vous avez un tirage quinte avec une grosse carte, vous avez les 9 *outs* du tirage couleur mais aussi les 3 *outs* pour toucher votre paire. Vous disposez donc de 12 *outs* au total.

Votre cote ou odds

Votre cote est la probabilité que vous emportiez le coup, en opposant vos chances de réussites à vos risques d'échecs. Traduit en langage de Poker, c'est le nombre d'*outs* par rapport au nombre de cartes inutiles pour vous encore présentes dans le paquet.

Cote ou odds
EXEMPLE

Anne et Bernard jouent au Texas Hold'em. Anne a les cartes privatives K♦ Q♦, Bernard a les cartes privatives A♣ 7♣, Le *flop* est 8♥ K♣ 4♦.
À ce stade, Anne possède une paire de Rois. Elle peut espérer tirer un Roi pour faire un brelan ou une Dame pour faire deux paires. Elle a donc 2+3 = 5 *outs*. Bernard lui, ne peut à ce stade compter que sur la paire d'As. Un 7 serait battu par la paire de 8 et la paire de Rois, ce n'est donc pas un *out* légitime. Bernard possède donc 3 *outs*. Chaque joueur connaît cinq des cartes du paquet : ses cartes privatives et les trois cartes du *flop*. La cote de chaque joueur se calculera donc par rapport aux 47 cartes inconnues. La cote d'Anne est 5 contre 42, noté 5:42.
La cote de Bernard est 3 contre 44, noté 3:44.

LES OUTS LES PLUS COURANTS

SI VOTRE JEU EST	NOMBRE D'OUTS	
Carte isolée	3	Vous avez **A♦**, il reste **A♥**, **A♣** et **A♠** pour vous donner une paire
Une paire	2	Vous avez **K♣ K♥**, il reste **K♦** et **K♠** pour former un brelan
Deux paires	4	Avec **Q♠ Q♦ J♣ J♦**, vous avez soit deux cartes pour former le brelan de Dames et deux cartes pour former le brelan de Valets, soit quatre cartes pour faire un full
Brelan	1	Avec **10♦ 10♠ 10♥**, seul le **10♣** vous donnera le carré
Tirage quinte ventral	4	Vous avez **5♦ 6♥ 7♥ 9♣**, les quatre **8** peuvent vous donner la quinte
Tirage quinte par les deux bouts	8	Si vous avez **5♠ 6♥ 7♦ 8♣**, alors les quatre **4** et les quatre **9** vous donneront la quinte
Tirage couleur	9	Avec quatre cartes de ♣, il reste 13-4 = 9 cartes qui vous donneront une couleur
Tirage quinte et couleur	15	Avec **4♥ 5♥ 6♥ 7♣ K♥**, vous êtes à la fois à tirage quinte bilatéral et tirage couleur. Il y a donc 9 cartes pour la couleur et 6 cartes pour la quinte (seulement 6 cartes car le **3♥** et le **8♥** sont déjà comptés dans les *outs* de la couleur)

La cote du pot

Le Poker étant un jeu d'enchères, vous devrez à tout moment évaluer les montants en jeu pour savoir si vous devez rester dans le coup ou non. Pour cela, vous devrez calculer la cote du pot.

La cote du pot est le rapport entre le montant que l'on vous demande de payer et celui du gain que vous êtes susceptible de remporter.

En comparant votre cote personnelle avec celle du pot, vous saurez dans la plupart des cas quelle action sera la plus judicieuse.

Si la cote de votre jeu est inférieure à la cote du pot, alors suivez : sur le long terme, vous rentrerez largement dans vos frais !

Si elle est supérieure, par contre, mieux vaut jeter votre jeu : la chance ne suffira pas à vous assurer le succès à tous les coups.

Cote du pot
EXEMPLE

Si on reprend le même exemple que précédemment :

Anne a les cartes privatives K♦ Q♦. Bernard a les cartes privatives A♣ 7♣.

Le *flop* est 8♥ K♣ 4♦. Anne mise 55 et porte le pot à 385. Bernard pour suivre doit donc ajouter 55 au pot. La cote du pot est donc de 55:385 soit 1:7 (7 contre 1).

Bernard doit alors se demander si le risque financier qu'Anne lui impose est acceptable au vu de ses chances d'emporter le coup. Pour cela, il doit comparer la cote de son jeu à celle du pot. Sa cote est de 3:44, soit approximativement 1:15 (15 contre 1).

C'est-à-dire que sur 16 cas dans cette position, Bernard perdra 15 fois et l'emportera 1 fois. Son succès lui fera gagner 385 jetons, mais les 15 tentatives infructueuses lui en auront fait perdre 15 fois 55 soit 825 !

Bernard a donc intérêt à jeter son jeu.

Si, en revanche, Anne n'avait misé que 10, portant le pot à 340 alors la cote du pot 1:34 aurait sans doute poussé Bernard à payer 10 et à tenter de tirer l'As.

Les cotes implicites

La cote calculée plus haut ne tient pas compte du nombre de joueurs encore dans le coup, ni de l'évolution future du pot.

Pour affiner ces probabilités purement mathématiques, les grands joueurs utilisent une autre grille de lecture beaucoup plus subtile : la cote implicite, c'est-à-dire l'évaluation de vos chances en fonction de l'argent que vous pensez avoir à mettre dans le futur pour aller jusqu'à l'abattage et la révélation des jeux. En d'autres mots, c'est la probabilité que la cote financière vous devienne plus ou moins favorable plus tard dans le jeu. Là, ce ne sont plus les statistiques, mais l'expérience des grands joueurs qui fait la différence. C'est à force d'observation et de compréhension du jeu de vos adversaires que vous affinerez cette maîtrise des cotes implicites. Ces cotes ne sont pas quantifiables, elles se basent sur votre lecture de vos adversaires.

Votre durée de vie à la table

Le dernier facteur qui influera fortement sur votre façon de joueur, c'est le montant de votre propre tapis. Si vous êtes *short-stack*, c'est-à-dire si vous manquez de jetons, vous devrez probablement suivre, voire relancer avec des jeux beaucoup plus faibles et avec des cotes beaucoup plus défavorables. En effet, avec peu de jetons, le montant des *blinds* deviendra exorbitant pour vous, en vous forçant à tenter votre chance plus souvent. À l'inverse, les joueurs qui ont beaucoup de jetons seront tentés de vous suivre car ils savent que vous n'avez pas forcement une main très forte.

Pour connaître votre espérance de vie à la table, vous devez diviser le montant de votre tapis par le total des *blinds* que vous allez devoir payer lors du prochain tour de table. Plus ce rapport est élevé, plus vous pouvez sélectionner vos mains et vous permettre d'être patient. Plus il est faible, plus vous allez devoir prendre de risques pour rester à la table.

Cotes implictes
EXEMPLE

Continuons toujours avec les mêmes joueurs. Supposons maintenant qu'en plus d'Anne et de Bernard, Clara soit encore dans le coup. Anne n'a finalement misé que 10, portant le pot à 340. La cote du pot est donc de 1:34 c'est-à-dire bien inférieure à la cote du jeu de Bernard. Mais Bernard, qui a bien observé Clara sent qu'elle va relancer. Il a noté que Clara relance toujours à 50 minimum. Cela vaut-il toujours la peine de suivre la mise de 10 ? Bernard assumera-t-il la relance derrière lui ? Il risque d'avoir 40 à ajouter dans un pot qui comptera alors 440. La cote sera alors de 1:11. Les calculs sont là beaucoup plus aléatoires et tiennent compte davantage de l'intuition.

LE BLUFF

- Pas de bluff avec les débutants : ils suivent plus souvent que les autres !
- Pas de bluff contre le *chip leader*, c'est-à-dire celui qui, à la table, a beaucoup plus de jetons que tous les autres : il suivra pour voir !
- Mesurez bien les risques et si vous vous lancez, allez-y franchement. Un bluff poussif n'a aucune chance de marcher : la chance sourit aux audacieux !
- Variez toujours votre jeu et restez indéchiffrable pour vos adversaires !

LE BLUFF

Qui dit Poker, dit bluff ! Même s'il y a bien d'autres paramètres qui permettent de prouver des qualités de champion, la maîtrise de cet art délicat vous assure les premières places. Le bluff est une question d'opportunisme, d'occasion à saisir et à ne pas laisser filer. Une question d'intuition avant tout.

C'est dans cette partie de la technique de jeu que commence à intervenir de manière décisive la psychologie. Il faut savoir décrypter les adversaires, subodorer qu'une occasion va se présenter, mais aussi savoir se dissimuler pour ne pas éveiller la méfiance des autres… Bref c'est un défi pour prendre l'ascendant psychologique sur l'ensemble de la table.

La plupart des débutants croient que le Poker est un jeu de chance et qu'il faut obtenir les cartes majeures et que, sinon, il faut bluffer. Les grands joueurs n'ont pas vraiment davantage de chance que les autres, ils ne bluffent pas non plus beaucoup : mais ils savent toujours à coup sûr quand et contre qui il faut bluffer ! Les meilleurs savent faire entrer dans leurs calculs la psychologie, mais aussi la gestion de leur tapis, et valorisent leur jeu par un sens de l'anticipation très développé.

Les joueurs prévisibles

À une table, si vous êtes un peu attentif, vous allez très vite discerner ceux qui ne bluffent jamais : ces joueurs-là ne risquent pas de vous voler le pot et votre attitude vis-à-vis d'eux sera simple à tenir : les prendre en compte et ne pas les affronter à moins d'avoir un jeu max.

Il y en a d'autres presque aussi prévisibles, ce sont ceux qui, au contraire, bluffent tout le temps ! Ils vous surprendront peut-être au début, feront un coup mémorable dont ils vont fatiguer leurs amis pendant des semaines, mais à long terme ils ne progresseront pas.

Savoir surprendre

Les grands joueurs savent souffler le chaud et le froid et déstabiliser leurs adversaires. Le but, c'est qu'à la table, personne ne sache jamais rien de certain sur vous. Pour cela, il faut faire un gros effort d'adaptation en observant à la loupe le jeu de vos adversaires et jouer sans cesse là où on ne vous attend pas. Vous pouvez bluffer de temps en temps, mais vous pouvez aussi menacer de bluffer, donner l'impression de bluffer, faire naître le doute et maintenir ainsi la pression sur les autres joueurs. Il faut toujours rester insaisissable !

Les deux bluffs

On peut distinguer deux cas majeurs de bluff :

- pour cacher un jeu faible et essayer d'arracher le pot ;
- pour cacher un jeu fort et amener les autres joueurs à payer plus cher, ce qu'on appelle le *slowplay*.

Les très bons joueurs de Poker savent utiliser parfaitement ces deux aspects du bluff.

Le bluff avec un jeu faible

C'est la forme la plus immédiate de bluff : vous n'avez pas grand-chose et vous allez réussir à faire croire que vous avez un jeu max. Il faut alors décourager les autres de vous suivre, sinon, à l'abattage, vous risquez la catastrophe ! C'est le coup de Poker par excellence, dont tous les joueurs rêvent.

Pour cela, il ne faut pas manquer de culot et d'initiative. En général, il ne faut pas tarder dans le coup et s'imposer avant que les joueurs aient pu améliorer leurs mains. Vous devez donc miser exactement comme si vous aviez un très gros jeu ! Relances, sur-relances, sont les maîtres mots. Mais c'est risqué et délicat, et ça peut vous coûter cher si vous ratez votre offensive. Cette manœuvre réussira d'autant mieux si vous ne la tentez que rarement. Si on vous voit plusieurs fois la tenter dans une partie, vos chances de la réussir s'amoindriront à chaque nouvelle tentative. Vous pouvez gagner beaucoup, mais il faut, même au bluff, apprendre à s'arrêter et à jeter son jeu si on s'aperçoit qu'un adversaire a vraisemblablement un jeu max qu'il défendra jusqu'à l'abattage…

Quand vous tentez de voler le pot et que quelqu'un vous sur-relance, abandonnez.

Le semi-bluff

C'est une tactique un peu moins risquée que le bluff avec une main poubelle ! On considère comme un semi-bluff un jeu agressif avec une main qui n'est pas encore vraiment favorable mais qui a un certain potentiel. Bref, vous anticipez et vous jouez aussi agressif que si vous aviez déjà la combinaison dont vous rêvez. Le but est d'écarter les joueurs qui n'ont pas confiance dans la capacité d'amélioration de leur jeu et d'empocher par anticipation le pot. Et si votre bluff ne marche pas et que les autres joueurs s'accrochent, vous pouvez toujours espérer améliorer votre jeu par la suite. C'est dans les variantes où certaines cartes sont visibles et d'autres cachées que cette tactique est la plus payante, dans les variantes de Hold'em et de Stud.

Semi-bluff
EXEMPLE

Au Texas, vous touchez 9♥ et 10♥. Le *flop* découvre 8♠, J♣ et K♥. À cet instant de la partie, vous avez ce qu'on appelle un tirage quinte par les deux bouts (il manque un 7 ou une Q) et une plus improbable couleur (il faudrait deux ♥ à la *turn* et un à la *river*). Vous avez donc, à cet instant, 8 *outs*.

Si, à la *turn* sort le 3♥, vous avez encore davantage de chances d'obtenir une couleur. Cela porte le nombre d'*outs* à 15 ! C'est en plus un excellent jeu pour le bluff car le tableau ne peut pas laisser imaginer ce que vous avez en main pour miser fort. C'est ce qu'on appelle « être invisible » pour vos adversaires.

Slowplay
EXEMPLE

Reprenons un exemple au Texas :
Armand, Béatrice et Camille sont encore actifs après le *flop*. Armand est au bouton.
Armand possède K♠ 8♠
Béatrice possède A♣ Q♣
Camille possède K♥ 3♦

- Le *flop* est : K♦ K♣ 8♣

Armand ne pouvait pas rêver meilleur *flop*, puisqu'il a un full max. Ses deux adversaires peuvent légitimement espérer gagner le pot avec un tirage couleur max pour Béatrice et un brelan de Rois pour Camille. Si tout le monde reste attentiste et checke, Armand doit checker également pour ne pas inquiéter les autres, et surtout pour que Camille n'aille pas croire qu'il a aussi un brelan de Rois mais avec un meilleur *kicker* que le 3. Il doit laisser le pot se remplir doucement en faisant croire qu'il est encore en attente d'amélioration pour son jeu, alors que tout est déjà joué.

- À la *turn* sort : 3♥

La turn est fatale pour Camille : elle peut former un full aux Rois par les 3, une main très forte.
Si Armand a bien joué en *slowplay*, Camille ne peut pas deviner que sa main est battue.

- À la River apparaît : 5♣

Cette carte est sans intérêt pour Armand et Camille mais, par contre, elle donne la couleur max à Béatrice. Mise en confiance, elle paiera jusqu'à l'abattage, avec, pourtant, une combinaison perdante. Le jeu en *slowplay* d'Armand devrait lui rapporter gros : si maintenant il fait une grosse relance, les 2 autres joueurs vont le suivre et il gagnera un pot beaucoup plus important que celui qu'il aurait touché en relançant dès le premier tour d'enchères.

Le bluff avec un jeu fort ou slowplay

Voilà un bluff auquel les débutants pensent rarement, le *slowplay* qui est un art bien subtil. Vous avez dès le départ un jeu max, mais vous voulez que le pot monte à la hauteur de votre mérite ! Il faut donc dans les premiers tours ne pas effaroucher vos adversaires, les laisser venir, les laisser alimenter le pot tranquillement, en faisant croire que votre jeu est faible. Mais attention, si vous tardez beaucoup, notamment au Texas, les cartes successivement découvertes au tableau risquent d'améliorer le jeu de vos adversaires et de vous détrôner au bout du compte… Là encore, tout est affaire d'équilibre et d'intuition. Les pots peuvent devenir très copieux avec cette méthode, mais attention de ne pas se les faire souffler à la fin !

Les attitudes : les *tells*

Ce qu'on appelle les *tells*, ce sont des éléments de votre comportement qui peuvent vous trahir. Chacun fait inconsciemment un certain nombre de gestes machinalement durant la partie. À vous de repérer ceux qui accompagnent le jeu max chez votre voisin ou au contraire les marques de nervosité ou de désappointement qui ne manquent pas de l'envahir quand rien ne rentre ! Quand on bluffe, on va aussi parfois se trahir. Il faut donc apprendre à décrypter les adversaires et à cacher soigneusement son jeu. C'est ce que nous verrons un peu plus loin dans ce livre. Vous avez aussi le droit de faire semblant de vous trahir et jouer sur des *tells* au deuxième ou troisième degré… Ça devient alors compliqué…

Jetons et enchères dans le bluff

Votre arme, ce sont, si on peut dire, vos munitions : combien vous reste-t-il de jetons ? Combien en ont vos adversaires ? À quelle hauteur est arrivé le pot ? Il va falloir estimer jusqu'où les autres sont prêts à payer pour suivre. Dans le bluff avec main faible, il faudra dépasser cette limite pour les pousser à abandonner. Dans le *slowplay*, il faudra rester en deçà pour qu'ils restent dans le coup et alimentent le pot jusqu'au bout sans se décourager ! Si votre tapis est très inférieur à celui de vos adversaires, ils seront sans doute toujours tentés de payer pour voir votre jeu : peu de chances alors de bluffer avec une petite main…

La position pour le bluff

Un bluff réussi prend en compte aussi la position à la table et le nombre de joueurs encore en lice. Pour le bluff classique, le but est d'éliminer le maximum de joueurs. Plus il reste de joueurs, plus vous risquez qu'il y en ait un qui suive jusqu'à l'abattage. Vous ne jouerez pas de la même manière si vous êtes à une table où vous parlez en dernier face à des joueurs au jeu serré qui ont tous checké, ou si vous parlez le premier à une table plus irrégulière. Dans le premier cas, une habile relance les fera peut-être tous passer. Observation, prudence, mémorisation… Voilà les seuls atouts sur lesquels vous devez compter.

DES PARTIES POUR TOUS LES GOÛTS

Le dernier grand paramètre pour bien réussir au Poker sera d'adapter votre jeu au type de partie dans lequel vous serez engagé. On ne joue pas de la même façon chez soi entre amis, au casino ou sur Internet.

Le jeu en ring game

Le *ring game* désigne toutes les parties qui ne se jouent pas en tournoi. C'est la partie libre, où les joueurs entrent et sortent de la table à leur guise. La recave est autorisée (entre deux coups, jamais au cours d'un coup).

Si vous jouez entre amis, vous savez sans doute comment ils jouent et vous pourrez adapter votre jeu au leur.

Si vous jouez en club ou casino, il vous faudra être patient. Attendez de toucher des bons jeux. Les *blinds* n'augmentant pas au fil du temps, vous pouvez attendre les bonnes mains pour avancer vos jetons.

Le jeu en tournoi

Le jeu en tournoi se joue sensiblement différemment.

Le tournoi multitables

Ce sont des tournois regroupant plusieurs dizaines de joueurs. Chaque joueur acquitte un droit d'entrée au tournoi et part avec le même nombre de jetons. Les joueurs seront classés dans l'ordre inverse de leur élimination (le joueur sorti en premier sera classé dernier). Seules certaines places donnent droit à des gains forfaitaires (les vingt premières, par exemple).

Les joueurs sont ensuite répartis par tables de six. Les tables sont constamment réorganisées au fur et à mesure que les joueurs sont éliminés, jusqu'à la table finale.
Les *blinds* augmentent à intervalle régulier au cours du tournoi et la recave est impossible.
Le jeu y est très différent. Dans les tournois vous devrez sélectionner vos mains de manière très stricte. Une fois engagé, allez-y franchement.
Dans les tournois comptant beaucoup de joueurs, ne jouez pratiquement pas de mains au début ! Laissez les joueurs les plus faibles s'éliminer d'eux-mêmes. On estime que 60 % des joueurs environ sont éliminés dans les deux premières heures d'un tournoi ! Attendez votre tour, et ne vous engagez que dans des coups où vous partez favori ! Les places payées approcheront toutes seules ! Une fois le gros écrémage effectué, il faudra tenter davantage de choses pour faire grossir régulièrement votre tapis et vous assurer un matelas de jetons suffisant pour la suite.
Au cours du tournoi, surveillez votre place et le montant de votre tapis par rapport au tapis moyen.
Si vous avez un petit tapis, il vous faudra prendre des risques si vous voulez sortir la tête hors de l'eau, tout en sachant que chaque coup peut vous faire sortir…
Si vous avez beaucoup de jetons, c'est vous qui imprimez votre rythme à la table. Les tapis plus petits savent que vous pouvez les sortir sur un seul coup et ça compte au moment de suivre votre relance !
Prenez aussi garde aux joueurs qui sont en position de *blind* ou qui sont déjà fortement engagés dans le coup, ils seront très difficiles à bluffer !

Le tournoi Sit'n'go
Un tournoi Sit'n'go est une partie sur une table unique. Elle commence quand la table est pleine et ne s'arrête que quand il ne reste plus qu'un seul joueur. Dans ces parties, les *blinds* augmentent plus ou moins vite. Il vous faudra donc constamment évaluer votre durée de vie à la table pour savoir quel type de jeu adopter. Comme dans le jeu en tournoi, soyez serré et agressif !

JOUER AU POKER SUR INTERNET

Vos premières parties, vous les ferez peut-être sur Internet. C'est pratique, pas besoin de chercher des amis motivés et pas de risque de vexer le grand-père qu'on aura plumé ! Nous vous conseillons de considérer le Poker sur Internet comme une sorte d'entraînement, d'école, même si, de nos jours, certains joueurs s'y consacrent exclusivement. Néanmoins, le vrai grand plaisir du Poker, c'est à une table bien réelle qu'on va le trouver, au contact avec des adversaires bien présents.
Cependant, voici quelques indications pour vous aider à vous lancer dans le virtuel.

La configuration technique

Avec une configuration moyenne et une bonne connexion Internet, tout devient possible. Pour jouer en ligne, il n'est pas nécessaire d'avoir un ordinateur surpuissant : un ordinateur grand public de moins de 5 ans suffira.
Certains sites nécessitent le téléchargement d'un logiciel, d'autres pas. À vous de choisir ce qui correspond le mieux à votre propre configuration (notamment si vous êtes sur Mac ou Linux).

La fiabilité du site

Vérifiez que le service client est ouvert 24 heures sur 24, 7 jours sur 7, et joignable grâce à un numéro de téléphone ou un e-mail.
Privilégiez, au moins au début, un site qui permet d'utiliser le français pour communiquer.
Surveillez les bonus et les promotions.
N'hésitez pas à consulter les autres joueurs et les comparatifs en ligne. Quelle est la réputation du site ? De quelle manière est-il sécurisé ? Quel est le taux de satisfaction de ses joueurs ?
Lisez bien les termes et conditions de chaque site : conditions de versement des gains et des bonus, dépôt minimum à effectuer, moyens de paiement acceptés, frais et commissions.

La question de la monnaie

Réel ou virtuel, l'argent circule aux tables de Poker. Les sites de Poker vous proposent souvent deux modes de jeu. Vous vous enregistrez sur le site, puis vous pouvez jouer de l'argent virtuel ou bien de l'argent réel.
Dans le premier cas, pas de numéro de carte bancaire à donner. Ce sont en effet des tables d'entraînement.

Dans le second cas, il vous faudra déposer une somme d'argent sur le site afin de pouvoir entrer sur ces tables. Les *buy-in* peuvent être très variables selon les tables. Vous pourrez entrer sur certaines avec quelques euros mais pour d'autres il vous faudra plusieurs dizaines, voire centaines d'euros pour avoir le droit de vous y asseoir virtuellement ! À vous de bien choisir le site pour être en confiance.

Écran type

D'un site à l'autre, la présentation de l'écran évidemment diffère un peu. Malgré tout, vous allez avoir à peu près toujours les mêmes éléments et des renseignements similaires. Prenez le temps de bien repérer les informations et leur place sur l'écran avant de vous lancer.

Concentration

Attention, ce n'est pas parce que vous êtes confortablement installé chez vous qu'il faut relâcher votre attention ! Pas question de regarder la télé en même temps que vous jouez, de répondre à vos mails ou d'aller sur les réseaux sociaux ! Chaque détail peut se révéler significatif, chaque décision (les vôtres et celles des autres !) est importante.

Stratégie sur Internet

Les tables d'Internet sont des salles de classe où on use ses fonds de culotte avant d'aller jouer dans la cour des grands… Vous pouvez rapidement progresser ainsi. Sachez que les débutants sont très nombreux, surtout dans les salles où circule de l'argent virtuel ou de très faibles enjeux. Alors prudence, le bluff marche très mal, ils vous suivent jusqu'au bout du monde même sans aucune main à défendre… De manière générale, si vous jouez sur Internet, adoptez un jeu beaucoup plus agressif.

RESPECTEZ L'ÉTIQUETTE

Comme tous les jeux multijoueurs, le Poker possède un code de conduite. De plus, c'est un jeu d'argent, les comportements sont donc exacerbés par les enjeux. Certains joueurs utilisent cependant toutes les ficelles pour prendre un ascendant psychologique sur la table.

Comportement et usages au Poker

Voici quelques-uns des usages et règles les plus fréquents autour des tables de Poker :

- les cartes et les jetons doivent être visibles sur la table à tout moment ;
- chaque joueur est responsable de ses cartes et de son tapis ;
- chaque joueur est tenu de dire le montant exact de son tapis à chaque fois qu'on le lui demande ;
- on parle à son tour, pas avant ;
- toute action annoncée doit être assumée par le joueur ;
- toutes les actions effectuées à la table doivent être connues par tous les joueurs ;
- les annonces doivent être prononcées de manière claire pour tous les autres joueurs ;
- vous êtes autorisé à quitter provisoirement la table au cours de la partie. Sachez que dans ce cas vous perdrez vos *blinds* quand votre tour arrivera, et ce aussi longtemps que vous serez absent.

Un joueur qui a passé ne doit pas montrer son jeu aux autres joueurs, et *a fortiori*, encore moins à un seul joueur ! De même, un joueur qui fait *all-in* en créant un pot parallèle, ne doit pas dévoiler son jeu avant le *showdown*. En règle générale, on ne montre ses cartes qu'à l'abattage.

Il est mal venu de commenter le jeu de vos adversaires. Quand vous gagnez, soyez modeste, et au contraire, si vous perdez (ça arrive !), restez fair-play.

La donne

Avant chaque distribution, le jeu doit être consciencieusement mélangé par le donneur (ou *dealer*) et coupé par la personne assise à sa droite. Il commence ensuite la distribution par le joueur assis à sa gauche.

La donne se fait dans le sens des aiguilles d'une montre, carte par carte. Chaque joueur à tour de rôle devient le *dealer*.

S'il y a un croupier, il respecte les ordres de distributions à chaque tour. La position du *dealer* est alors matérialisée par un gros jeton, différent de tous les autres, sur lequel est marqué *dealer*.

Au début de chaque phase de distribution, il est d'usage d'écarter la première carte du tas. Cette carte, dite brûlée, est retirée du paquet, face cachée et ne sera pas distribuée.

Si le donneur retourne accidentellement une carte lors de la distribution, celle-ci est écartée du jeu. Le donneur doit alors finir le tour de distribution normalement et ensuite donner la carte manquante au joueur lésé. Le donneur doit alors s'assurer que tous les joueurs ont vu la carte mal distribuée. Elle sera brûlée au tour suivant.

Si le donneur retourne par erreur une deuxième carte lors de la distribution, le coup est annulé, il doit reprendre toutes les cartes et redistribuer.

Si, par contre, c'est le joueur lui-même qui retourne ses cartes par accident, tant pis pour lui. Ses cartes ne sont pas remplacées.

Le *showdown*

C'est le joueur qui a effectué la dernière relance qui doit abattre son jeu en premier.

Les joueurs battus ne sont pas obligés de montrer leur jeu.

Quand un joueur pense avoir le jeu max, il est d'usage qu'il le montre immédiatement lors de l'abattage. Inutile de laisser mariner son ou ses adversaires, ce ne serait pas élégant, surtout si ce coup leur coûte leur place à la table !

LES ADVERSAIRES

Jouer au Poker, c'est jouer les joueurs autant que les cartes. Cette excellente définition met en relief la particularité de ce divertissement qui est de n'être ni un simple jeu de cartes, ni un simple jeu de hasard. En effet, décoder le comportement des joueurs ou démasquer un bluffeur y est aussi essentiel que de connaître les différentes combinaisons gagnantes et de savoir calculer les probabilités de les réaliser. Pour ce faire l'expérience, l'intuition, le sens de l'observation sont indispensables au joueur de Poker. Mais ce qui fait vraiment la différence entre un amateur et un expert de ce jeu est la maîtrise des différentes catégories de joueurs et la capacité à interpréter leur comportement. Comme tout jeu de tactique, le Poker nécessite d'anticiper sur ce que fera l'adversaire dans tel ou tel cas de figure. Or prévoir les choix de quelqu'un qu'on ne connaît pas relève de la divination lorsqu'on n'est ni intuitif, ni psychologue, ni expérimenté. Il est alors rassurant de savoir qu'il n'existe pas une infinité de profils de joueurs de Poker et que tous se définissent à partir de deux ou trois critères. Il suffit donc de prendre le temps de bien étudier la table où l'on souhaite s'asseoir avant de commencer à jouer.

LA TABLE DE POKER

Analyser le jeu des participants assis autour d'une table de Poker, c'est regarder à la fois les façons de jouer et les façons d'être. Pour cela, il suffit d'observer le déroulement d'une partie en privilégiant deux angles de vue : les rythmes et les attitudes. Il sera plus facile ensuite d'identifier les différentes catégories de joueurs en présence.

Les rythmes

Les rythmes au Poker ne sont pas donnés par la vitesse mais par la fréquence de jeu. Effectivement, une partie de Poker ne se joue pas en continu. Chacun évalue à son tour la pertinence d'y participer ou non. C'est cette évaluation, pour les uns mathématique, pour les autres subjective, qui détermine la fréquence des interventions de chacun. Ainsi, avec une même main de départ, il va y avoir différentes attitudes qui en dernier recours seront fonction de la personnalité des joueurs assis autour de la table. Ces rythmes de jeu se classent en trois catégories :

- ceux qui jouent avec régularité, presque tous les coups ;
- ceux dont les implications semblent rares ;
- et ceux qui jouent par intermittence.

On dit des premiers qu'ils ont un jeu large, que les seconds ont un jeu serré et que les troisièmes sont irréguliers.

Mais bien d'autres caractéristiques viennent spécifier ces premiers indicateurs. Celles-ci sont fonction des différentes personnalités en présence et décrivent les façons d'intervenir de chacun : les volubiles, les nerveux, les enthousiastes vont avoir tendance à relancer les enchères et créer une certaine animation autour de la table. Au contraire, les discrets, les indécis et les experts sembleront, la plupart du temps, suivre et apporter le calme et la sérénité nécessaire à ce jeu de réflexion.
L'observation du fonctionnement des uns et des autres fait ressortir quelques constances :

Le jeu serré

Les joueurs qui optent pour un jeu serré ne sont pas nécessairement plus lents ou plus fatigués que les autres. Ce sont souvent des personnes qui font confiance aux probabilités. Ils jouent leur main en fonction de leur cote et de leur chance d'amélioration. En conséquence, ils ne jouent que certaines mains : celles qui leur semblent « sûres ».
Ce procédé a deux avantages, qui sont :

- de permettre de faire durer son investissement de départ ;
- d'avoir des périodes pour découvrir le jeu des adversaires avant qu'ils ne découvrent le vôtre.

Mais cette façon de jouer a aussi un inconvénient majeur : le jeu serré est prévisible. Rapidement les autres joueurs sauront que celui qui le pratique ne joue que lorsqu'il a un très bon jeu. Attention, même cette déduction laisse une large place au bluff !

Le jeu large

Il existe des raisons très diverses pour lesquelles une personne adoptera un jeu « large » c'est-à-dire s'engagera dans un plus grand nombre de coups qu'il n'est logique de le faire au sens des probabilités. Ce peut être le fait de joueurs :

- qui ignorent tout des probabilités ;
- qui voient dans presque chaque main une forte possibilité d'amélioration ;
- qui ont beaucoup d'argent à perdre ;
- qui se permettent de sacrifier une partie de leurs jetons pour déstabiliser leurs partenaires de jeu ;
- qui sont fatigués ou déconcentrés…

Dans tous les cas, ce sont souvent de redoutables adversaires, difficiles à cerner… et donc difficiles à bluffer.
Heureusement, cette forme de jeu étant très dispendieuse, certains de ceux qui la pratiquent ne font que des passages éclair aux tables de Poker !

Le jeu irrégulier

Le jeu irrégulier n'est pas à proprement parler une façon de jouer. Il n'appartient ni au jeu large ni au jeu serré. On ne peut pas non plus le qualifier de jeu moyen car il s'agit plutôt d'interventions alternées très déstabilisantes. On peut se demander s'il ne s'agit pas d'une stratégie dirigée contre les adversaires de ceux qui le pratiquent. En effet, ce type de jeu caractérise bien deux catégories de joueurs à l'opposé l'une de l'autre :

- Les premiers, qui ne savent pas faire la différence entre les bonnes et les mauvaises mains, qui jouent donc en fonction de leur fatigue et de leur ennui. Ce sont des joueurs qui pensent que lorsque les autres ne jouent pas, c'est qu'ils n'ont pas envie de le faire.

- Les seconds, qui ont pour priorité de comprendre le jeu de leurs adversaires sans être compris d'eux. L'irrégularité de leur jeu est alors voulue. Ils testent ainsi différentes tactiques et différents stimuli pour mieux comprendre à qui ils ont affaire.

Vous ne réussirez sans doute à bluffer ni les uns ni les autres ! Pourtant, ne les confondez pas ; cela pourrait vous coûter très cher !

Les attitudes des joueurs

Voici quelques attitudes et traits de caractère de joueurs que vous retrouverez autour des différentes tables de Poker que vous allez rejoindre. Sans doute y reconnaîtrez-vous en partie un ami, votre frère ou, qui sait, peut-être vous-même !

Le joueur actif

C'est un joueur très entreprenant. Son jeu est indifféremment large ou serré. Effectivement, être actif ne signifie pas jouer tout le temps mais intervenir à chaque fois que possible. Il se contente rarement de suivre et fait partie de ceux qui animent les parties par leurs relances et par le suspens qu'elles introduisent.

Qu'il soit tactique, stratégique ou calculateur, c'est en général un bon bluffeur qui ne se laisse pas bluffer aisément.

Le joueur passif

Quel que soit son type de jeu, ce n'est pas lui qui anime la table. C'est le spécialiste du « Parole », du « Je suis » ou du « Je paie pour voir ». Il peut faire partie de chaque coup sans pour autant y jouer un rôle principal. Ce n'est pas un initiateur. Pourtant, attention ! « Passif » ne signifie pas « absent ». C'est un joueur à part entière. Il faut apprendre à savoir qu'il compte et qu'il joue sur la durée. La monotonie de son jeu peut le faire oublier.

Il peut être aussi méthodique qu'une calculatrice, aussi endurant qu'un marathonien ou aussi improvisateur qu'un musicien, dans tous les cas, il n'est pas facile à bluffer ni à battre.

Le nerveux

C'est un joueur crispé qui craint que les choses ne se déroulent pas comme il le souhaite. Ses mâchoires sont saillantes. Ses yeux sont mobiles. Dents et lèvres serrées, il ne sourit pas. Ses membres ont la bougeotte. Ses jambes souvent croisées ont tendance à sautiller. Ses mains sont actives : elles sont posées sur les jetons, prêtes à intervenir, pianotent sur la table ou sont affectées à une fonction de réassurance : les doigts passent dans les cheveux, jouent avec une mèche, caressent la lèvre supérieure, tripotent un bijou…

Si cette nervosité n'est pas habituelle, il s'agit certainement d'un bluff. En revanche, si ce joueur est naturellement tendu, ces quelques signes, amplifiés, ne sont peut-être que des révélateurs d'un gros jeu en main qui a peur d'être démasqué.

Le volubile

La première des recommandations à faire sur ce joueur est de ne pas l'écouter mais de l'observer : son jeu est rarement lié à son comportement. Il peut être loquace parce que stressé et inquiet. Dans ce cas, cette attitude lui permet de camoufler un

bluff : en parlant fort et sans cesse, il espère avoir l'air détendu. Il pose souvent des questions naïves sur les règles du Poker pour passer pour un grand débutant.
Néanmoins, ses paroles sont aussi, la plupart du temps, celles d'un flambeur qui invite les participants à remplir le pot. Dans ce cas, elles sont joviales et encourageantes.
Il arrive enfin que ce bavardage soit celui de joueurs débutants ou venus passer un bon moment à une table où ils se sont fait, comme on dit familièrement, « plumer » !

Le discret

C'est le partenaire qu'on finit par oublier. Il est calme et joue sans à-coups, sans agressivité et souvent sans surprise. Il semble ne pas être un adepte du bluff. Pourtant, il pourrait l'être car son jeu rare est très difficile à cerner : est-ce celui d'un très bon joueur dans sa phase d'observation, d'un débutant en pleine découverte, ou d'un joueur lambda économe et méthodique ? Ses jetons sont empilés devant lui. Il sait faire durer sa cave de départ très longtemps. Ce joueur est souvent là où on ne l'attend pas. D'ailleurs, à la surprise de chacun, il est l'un de ceux que l'on retrouve en fin de partie. Et c'est aussi celui qui gagnera la partie si on n'a pas pris le temps de découvrir son jeu !

L'expert

Son rythme est irrégulier. Il semble n'appartenir à aucune catégorie et peut passer par différents états au cours d'une même séquence : tantôt tendu, tantôt prudent, tantôt silencieux, il est difficile de saisir son jeu. Alors méfiance ! En l'observant bien, on finit par comprendre - mais c'est souvent trop tard ! - qu'il s'agit surtout d'un très grand acteur. Tout est calculé : les pertes cumulées du joueur malchanceux, les grandes hésitations de l'inexpérience, quelques plaintes pour endormir l'adversaire et puis… La chance semble lui sourire à nouveau et il enregistre de gros gains. C'est un expert et peut-être même un professionnel, c'est-à-dire un joueur très organisé pour lequel rien n'est laissé au hasard. Il ne perd pas, il investit. N'oublions pas que les professionnels ne jouent pas, ils travaillent. Dans ce cas, il est encore temps de passer son chemin ou de se contenter d'admirer son jeu !

L'enthousiaste

Il déborde d'énergie et semble heureux d'être là. Il joue, sourit et mise plus que de raison. Ce n'est certainement pas un professionnel. Il ne considère pas le Poker comme un jeu de réflexion qui nécessite un peu de silence et de recul pour élaborer son plan jeu. Sa devise semble être « l'important est de participer ». Il est très présent, voire envahissant : il pollue l'espace avec ses jetons, empêche ses partenaires de réfléchir et donc de jouer correctement. C'est le troisième joueur qui agace ceux qui recherchent le tête-à-tête à la *river*. Spécialiste du « Je paie pour voir », il semble poursuivre ses adversaires, et rend toute tentative de bluff impossible. Heureusement, ce jeu très coûteux lui donne une durée de vie limitée. Mais si jamais l'enthousiaste a les moyens de son jeu, alors, il n'y a pas plus qu'à espérer qu'il soit extrêmement malchanceux !

L'indécis

Décider ne semble pas être son fort. Pour lui, agir c'est réfléchir. Seule difficulté, c'est qu'il ne semble jamais être en possession des données nécessaires à sa prise de décision ! Il n'a pas non plus de rythme bien établi. Son jeu est très, voire trop large. L'étude de ses cartes à l'abattage, montre surtout que son jeu est irrégulier et peu adapté. En bref, ce qui caractérise l'indécis, avant toute chose, est qu'il joue mal. Lorsqu'il hésite, ce n'est pas parce qu'il a un excellent jeu ou qu'il tente un bluff, c'est surtout parce qu'il ne sait pas jouer : en fait, c'est un débutant.

Il ne sait pas se servir du bluff et y est lui-même totalement insensible. Finalement, ce jeu désordonné et imprévisible peut faire de lui un dangereux adversaire.

LES PROFILS DE JOUEURS

	JEU SERRÉ	JEU LARGE	JEU IRRÉGULIER
JOUEUR ACTIF	Nerveux Tactique Chasseur REQUIN	Volubile Stratégique Animateur PANTHÈRE	Expert Calculateur Star VAUTOUR
JOUEUR PASSIF	Discret Méthodique Comptable FOURMI	Enthousiaste Endurant Sportif VACHE	Indécis Imprévisible Alchimiste CHIOT

PAS SI BÊTES...

Néanmoins, lorsqu'on débute au Poker, ces simples éléments ne sont pas suffisants. Nous vous proposons donc dans les pages suivantes, six portraits d'animaux qui résument bien l'ensemble des profils de joueurs que vous êtes susceptibles de rencontrer dans vos différentes parties. La complexité humaine ne pouvant se réduire à quelques indicateurs, nous avons choisi de vous les décrire sous forme animalière de façon à garder en mémoire que ce ne sont que des catégories ! Toute similitude avec des personnes qui existeraient réellement ne serait donc que fortuite...

Le requin

Il est sauvage et puissant. À certains moments, il semble fou furieux. À d'autres, machiavélique. C'est un excellent joueur la plupart du temps. Mais attention, il a décidé de croquer quelqu'un, et le petit poisson, il semble que ce soit vous !

PROFIL GÉNÉRAL	Sa réputation fait peur et met mal à l'aise. Il est inquiétant et carnassier. On le craint car il peut être très dangereux. Son regard est redoutable : évitez-le.
OBJECTIFS	Son seul but est la mise à mort de l'adversaire. Il veut le faire plier, le mettre à genou. En bref il veut le ruiner. Ce n'est pas un émotif, vous ne pourrez pas l'attendrir.
TYPE DE JEU	Il a un jeu serré et agressif.
PERSONNALITÉ	C'est un chasseur : il traque. Il avance camouflé. C'est un joueur agressif et nerveux.
COMPORTEMENT	Il connaît son ennemi dans ses moindres recoins, sait attendre des heures durant et bondit sur sa proie.
COMPÉTENCE	Il sait évaluer son adversaire. Il reconnaît l'animal blessé. Il est stimulé par les tress de l'adversaire. Il renifle l'odeur de la sueur. En bref, il reconnaît le bluff, la peur et l'angoisse.
MÉTHODE	Il déstabilise, interpelle, raille. Il fixe dans les yeux, ricane sans raison apparente. Il annonce ses enchères, d'autant plus fort qu'elles sont bonnes. Il a les deux coudes sur la table et le corps penché en avant.
CAPACITÉ À BLUFFER	C'est un bluffeur né. Ses relances récurrentes empêchent de connaître la puissante de son jeu. Il joue de la même façon une paire d'As et une paire de deux. Comme il sait se coucher au bon moment, vous ne découvrirez que très rarement son jeu.
RÉSISTANCE AU BLUFF	Il agit de façon raisonnée et calculée. Il est donc prévisible. Il vous relancera mais jettera ses cartes s'il évalue que sa main est plus faible que la vôtre. Par conséquent, s'il poursuit après une relance, c'est qu'il est vraiment fort ou qu'il a senti que vous n'étiez pas vraiment fort. Dans tous les cas jetez vos cartes.
COMMENT LE JOUER ?	Si vous ne supportez pas la pression, fuyez-le. Adoptez un jeu économique et serré. Face à l'apparent désordre de son jeu, opposez la rationalité et l'ordre pour tenter de recadrer la partie. Il veut vous empêcher de réfléchir et d'être structuré. Ne vous laissez pas impressionner. Fuyez son regard et ne réagissez pas à ses interpellations. S'il n'a plus de prise sur vous, il changera d'adversaire. Si vous résistez bien à la pression, restez sur la première évaluation de votre main. Relancez si vous pensez être le favori. Et si vous êtes certain de posséder la main max, alors jouez l'hésitant : il engraissera le pot !

La panthère

Souple, majestueuse, elle avance sans bruit. Elle est partout et surtout là où on l'attend le moins. Il n'y a pratiquement aucune chance de la semer.

PROFIL GÉNÉRAL	Elle a l'air d'être venue pour se distraire, détrompez-vous, il n'en est rien ! Son désir de vaincre est sans limite !
OBJECTIFS	Ce qu'elle veut, c'est gagner gros, et même très gros ! Les Limit et les parties à 5 € ne l'intéressent pas. Elle recherche les belles victoires, les ***face to face***, les ***all-in*** et les montagnes de jetons.
TYPE DE JEU	Son jeu est très large. Elle ne suit pas, elle relance. Elle est presque de tous les coups, et surtout des gros. Elle paie pour voir même lorsque les probabilités d'amélioration de sa main sont quasi nulles.
PERSONNALITÉ	C'est avant tout une joueuse qui aime le risque et croit en sa bonne étoile. Ce qu'elle apprécie avant toute chose ? C'est l'adrénaline que lui procurent ses excès.
COMPORTEMENT	Ses pertes ne semblent jamais l'affecter. Elle est d'humeur égale. Elle se montre sympathique et décontractée. Elle n'hésite pas à encourager ses adversaires… à miser bien entendu !
COMPÉTENCE	L'audace est sans doute sa principale qualité.
MÉTHODE	Elle se montre affable et rassurante. Lorsqu'elle joue une main, elle la défend aussi longtemps que possible. En général, trop longtemps, car elle croit que toutes les mains ont une chance de s'améliorer et donc de gagner. Ses mises sont donc fortes et ses relances agressives.
CAPACITÉ À BLUFFER	Son jeu extrêmement large fait d'elle une sorte de bluffeuse perpétuelle. À la différence des vrais bluffeurs, elle croit réellement posséder d'excellentes mains dans la plupart des cas.
RÉSISTANCE AU BLUFF	Sa chasse poursuite permanente la rendra sans doute imperméable à toute tentative de bluff. Les trois-quarts du temps, elle vous suivra sans se rendre compte de rien. Par contre, vous la maîtriserez beaucoup mieux si vous sous-jouez une main forte. Misez peu lorsque vous avez un gros jeu et elle vous enrichira.
COMMENT LA JOUER ?	Avant toute chose, ignorez-la. N'essayez pas de deviner son jeu à partir de son comportement, il n'y a sans doute aucun lien entre les deux. Ne tentez pas de déduire sa main à partir de sa façon d'enchérir : elle n'est ni cartésienne ni rationnelle. Faites attention au ***flop*** et à la ***turn*** annonçant trois cartes consécutives ou trois cartes de même couleur. Entrez prudemment dans la partie et, quand vous le faites, munissez-vous d'une bonne main. Et lorsque enfin votre main est vraiment forte, encouragez-la à remplir le pot. Checkez si elle semble prête à vous relancer. Montrez-vous hésitant. Donnez-lui l'impression qu'elle maîtrise la table. Emmenez-la jusqu'à la ***river*** et relancez-la. Elle ira quand même peut-être jusqu'à la ***turn*** en espérant que le miracle se reproduise !

Le chiot

Fougueux, entreprenant, il est en plein apprentissage ! Ses maladresses font sourire. Ses surprises étonnent. Son désordre émeut. Ses essais et ses erreurs attendrissent chacun d'entre nous jusqu'au moment où il faut en payer le prix !

PROFIL GÉNÉRAL	Il suit sans jeu et perd à l'abattage. Il pense que sa main peut s'améliorer, mais ignore tout des probabilités. Analysez les mains qu'il mène jusqu'à l'abattage, et vous vous ferez rapidement une idée de l'image qu'il a du Poker.
OBJECTIFS	Où va-t-il ? Le sait-il lui-même ?
TYPE DE JEU	Son jeu n'est ni large, ni serré. Il n'en est pas arrivé là !
PERSONNALITÉ	Rien de particulier, si ce n'est qu'il commence aujourd'hui !
COMPORTEMENT	On ne peut pas parler de comportement à proprement parler. Il s'agit plutôt d'initiation, d'imitation, de mobilisation, d'improvisation, voire de professionnalisation. Pour le moment, il s'applique à distribuer consciencieusement ses jetons. Sait-il même qu'il joue au Poker ?
COMPÉTENCE	C'est avant tout un grand créatif ! Il imite le genre et le style.
MÉTHODE	Il interroge les règles à la ***turn***, félicite le joueur qui vient de lui prendre la moitié de sa cave, maudit à voix haute la malchance… bref il réinvente le Poker ! Essayiste avant toute chose, cette partie est, pour lui, une expérience, coûteuse certes, mais qui fait partie de ***La fabuleuse histoire du Poker***, au chapitre « Les pertes qui resteront dans les mémoires ».
CAPACITÉ À BLUFFER	Sa capacité à bluffer est très faible. Et quand par hasard il bluffe, est-ce vraiment volontaire ? L'a-t-il vraiment préparé ? Conscient de ses faiblesses, il prend peu de risques. Il évite de s'aventurer sur le terrain très glissant que peut être celui du bluff.
RÉSISTANCE AU BLUFF	Paradoxalement, le débutant jouit d'une très bonne résistance au bluff sans le savoir. En effet, il est capable de payer, quelle que soit sa main dépareillée, de couleur et de valeur différente. Il espère toujours toucher la double paire ou le brelan. Évitez de bluffer contre lui. Ce serait tout de même malheureux de perdre avec une paire de 7 contre un 9 et un 6 dépareillés !
COMMENT LE JOUER ?	Le jouer revient à se demander par quel bout le prendre. Est-ce plutôt quelqu'un qui va vous faire gagner beaucoup d'argent, ou qui va vous faire perdre des sommes colossales ? Après tout, la chance du débutant existe peut-être ? Soyez patient. Les débutants ont une durée de vie très courte. Allez prendre un verre, étudiez les autres joueurs de cette table. Le jeu n'est pas possible à cette étape de l'apprentissage. Si vous êtes déjà assis à sa table, adoptez un jeu agressif à chaque fois que votre main est moyenne ou forte. Montrez-lui qui maîtrise la table, mais surtout poussez-le à l'abandon, pour lui et pour les autres : que l'on commence à jouer, nom d'une pipe !

La fourmi

On la néglige parfois, on l'ignore souvent et on l'admire en général. « La fourmi n'est pas prêteuse, c'est là son moindre défaut. »

PROFIL GÉNÉRAL	C'est une véritable comptable. Très organisée, elle ne laisse rien au hasard. Elle joue à l'opposé de la panthère.
OBJECTIFS	Comme tout le monde, elle veut gagner. Mais elle, en plus, elle ne veut rien perdre.
TYPE DE JEU	Son jeu est extrêmement serré. Un jeton est un jeton.
PERSONNALITÉ	Elle est à l'image de son jeu, très discrète, silencieuse, calme et sans surprise. Elle possède une résistance à l'ennui hors du commun. C'est une cartésienne. Certains la considèrent comme très économe, d'autres comme légèrement pingre. Ceci ayant de l'importance puisqu'elle joue toujours les mêmes mains.
COMPORTEMENT	Ses jetons sont soigneusement empilés et chaque mise est le résultat d'une mûre réflexion. Elle rentre en jeu uniquement si sa main est bonne, voire très bonne, ce qui veut dire qu'elle peut rester dans l'ombre pendant un bon moment.
COMPÉTENCE	Elle sait calculer et sait attendre son tour des heures durant. Elle est entêtée et endurante. Elle maîtrise les probabilités sur le bout des doigts, et les applique à la lettre.
MÉTHODE	Généralement, elle parle peu, observe ses adversaires et les mains qui sont jouées. Elle applique méthodiquement les règles du Poker : elle joue les dix meilleures mains, relance lorsqu'elle a du jeu et se couche lorsqu'elle n'a pas le jeu souhaité.
CAPACITÉ À BLUFFER	Sa capacité à bluffer est quasi nulle. En effet, prendre un risque ne fait pas partie de son vocabulaire. Sous aucun prétexte elle ne jouera une mauvaise main. Du coup, elle est tellement prévisible que le bluff lui est totalement interdit !
RÉSISTANCE AU BLUFF	C'est une cible idéale pour un bluffeur. Pour elle, une grosse relance signifie que l'on a une main très puissante. Elle jettera donc ses cartes. Si elle suit ou, pire, si elle relance, sa main est certainement max. Passez sans hésiter.
COMMENT LA JOUER ?	Profitez de ce jeu transparent : elle entre en lice quand elle a une bonne main et passe quand elle se croit faible. Observez-la bien vous saurez rapidement avec quel type de main elle suit, elle relance ou elle checke. Jouez plus large que d'habitude. Osez vos mains moyennes. Relancez-la où vous n'auriez dû que suivre. Vous devez adopter une attitude un peu plus agressive. Ainsi, elle se débarrassera de cartes qui la placent en meilleure position que vous.

ANTE

La vache

Généreuse et nourricière, elle n'a pas conscience que sa taille peut inquiéter. Elle n'a pas une once d'agressivité. Certains trouveront qu'elle manque un peu d'initiative. Ce n'est ni une gagnante ni un taureau. Fidèle, elle vous suivra partout où vous irez !

PROFIL GÉNÉRAL	Elle connaît la valeur de sa main et ses chances d'amélioration, mais entre en jeu plus souvent que ce qu'elle devrait. Elle est peu exigeante envers ses ***pocket cards*** et paraît plus préoccupée du jeu de ses adversaires que du sien. Au Poker, on l'appelle le « suiveur permanent ».
OBJECTIFS	Sans doute a-t-elle pour objectif de gagner, mais ce qui semble être sa priorité est de ne pas laisser les autres le faire à sa place !
TYPE DE JEU	Son jeu est large et peu entreprenant. Elle relance rarement mais arrive souvent en phase finale ce qui exaspère les adeptes du ***face to face***. Elle est comme une vache dans un jeu de Poker !
PERSONNALITÉ	Plutôt dame de compagnie qu'animateur socioculturel, elle ne crée pas l'ambiance, elle y participe. Elle aime se fondre dans le paysage et distraire les trains qui passent !
COMPORTEMENT	Elle n'a pas d'autre spécificité que de suivre tous ceux qui entrent dans le jeu. Elle a constamment la main sur ses jetons au cas où quelqu'un se lancerait. Plus curieuse que compétitive, elle est là où se déroule l'action.
COMPÉTENCE	La constance est peut-être la qualité qui la définit le mieux et l'audace celle qui la qualifie le moins bien. Méfiante, elle ne se laisse jamais abuser.
MÉTHODE	Elle ne joue pas de façon irraisonnée avec pour intention de défier les probabilités, mais elle doute de ses adversaires. Une fois entrée dans le jeu, elle ne passe presque jamais, persuadée que c'est en poursuivant les bluffeurs qu'elle gagnera.
CAPACITÉ À BLUFFER	Il est très difficile d'imaginer la main qu'elle détient et donc pratiquement impossible de la démasquer lorsqu'elle bluffe. Mais en fait, bluffe-t-elle réellement ?
RÉSISTANCE AU BLUFF	On ne peut bluffer un « suiveur permanent ». On peut juste l'inviter à alimenter le pot.
COMMENT LA JOUER ?	Ne vous fiez pas aux apparences, elle est redoutable. Sa durée de vie est très limitée, mais, en attendant, elle peut vous faire perdre beaucoup d'argent. Il faut la prendre à son propre jeu et lui vider les poches rapidement. Ne miser que sur des mains très fortes. Sous-jouez puis relancez-la à la ***turn*** ou à la ***river***. Mais soyez sûr de votre main car elle sait pratiquer l'art du ***slow playing*** mieux que quiconque et en fin de compte, est bien capable d'avoir une meilleure main que la vôtre !

Le vautour

Majestueux, royal et sans pitié, il surveille ses proies. Il peut planer de longues heures durant et foncer soudainement sur l'agneau sans défense. Quand ses griffes se resserrent, vous n'avez plus aucune chance : il ne lâchera pas prise.

PROFIL GÉNÉRAL	Le Poker, c'est son métier. Il le fait avec autant de sérieux que vous exercez le vôtre. Ses gains constituent son salaire, sa cave son investissement. On le rencontre principalement dans les tournois et les casinos, mais il lui arrive de venir se renflouer dans les parties privées. Évitez les tables où il se trouve… à moins que vous ne souhaitiez vous offrir un cours de Poker à prix d'or… mais donné par un pro !
OBJECTIFS	Ce qu'il veut avant tout, c'est rentabiliser ses mises et gagner beaucoup d'argent.
TYPE DE JEU	On ne peut le classer et c'est en cela qu'il déroute le plus ses adversaires. Mais sachez qu'une chose est sûre, à moins de vouloir feinter, il joue toujours son meilleur jeu.
PERSONNALITÉ	C'est une personne multiple. Il réunit à la fois les talents du grand acteur, la rigueur du scientifique et la stratégie du militaire.
COMPORTEMENT	Il adopte l'attitude du caméléon. Il change de profil comme de chemise mais, dans tous les cas, il reste masqué aussi longtemps que possible pour ne pas faire fuir ses proies.
COMPÉTENCE	Efficacité, capacité d'adaptation et habileté sont ses véritables qualités. Il possède toutes les compétences nécessaires à la pratique du Poker. Il ne se laisse dérouter ni par les joueurs ni par les cartes. Sa longue expérience lui a permis d'être confronté à toutes les situations. C'est un fin stratège qui connaît à la fois les probabilités, les cotes et les profils de joueurs.
MÉTHODE	Nous avons recours aux mêmes méthodes que lui. Mais ce qu'il a de plus que nous c'est que… lui, il sait parfaitement les utiliser !
CAPACITÉ À BLUFFER	C'est un grand bluffeur parce qu'il ne se laisse jamais classer dans une catégorie et qu'il maîtrise parfaitement ses émotions.
RÉSISTANCE AU BLUFF	On ne peut le bluffer. C'est un expert. Rien ne lui échappe sur la question des émotions et des comportements face à l'argent. Sa force est qu'il sait traduire ce qu'il observe.
COMMENT LE JOUER ?	Si vous avez l'impression que la situation vous échappe, que vous n'êtes pas maître à bord, c'est que vous n'avez plus rien à faire à cette table. Paradoxalement, vous ne pouvez venir à bout de cet adversaire que si vous êtes totalement débutant. Parce qu'alors, concentré sur vos cartes, vous resterez insensible à ses stratégies et ses feintes. Dans le cas contraire, quittez la table et observez-le. Ou bien jouez au Poker avec lui comme si vous faisiez une partie sur le net : en vous concentrant sur votre main, sur les probabilités et surtout sur votre bonne étoile.

LES TROIS GRANDES FAMILLES DE POKER

Nous arrivons à la fin de la présentation générale des règles du Poker. Maintenant il est temps de vous présenter les différentes versions du jeu pour que vous puissiez faire votre choix et tester la forme de Poker qui correspond le mieux à vos goûts et à votre style. *Let's go*! Quand on veut se mettre au Poker, on a l'embarras du choix : des dizaines de jeux différents s'offrent à vous. On peut cependant les regrouper selon trois grandes familles : les Draw ; les Hold'em ; les Stud. Tout ce que nous venons d'exposer se retrouve dans chacune des familles ; tous les ingrédients sont présents pour que la recette finale soit savoureuse : combinaisons, mises, bluff, chance, calculs… Mais selon la version que vous adopterez vous ferez varier l'importance relative des éléments : la part de hasard, la part de calcul, le rythme de la partie… Et du coup, les compétences des joueurs ne sont pas toujours mises en œuvre de la même manière : à vous de trouver ce qui vous va le mieux !

LES CARACTÉRISTIQUES ESSENTIELLES

Voilà de manière condensée comment on peut caractériser ces trois familles :

- Dans les Draw Pokers, toutes les cartes sont fermées, c'est-à-dire cachées. Chaque joueur ne connaît que ses cartes et n'a pas beaucoup d'autres éléments pour apprécier la valeur de son jeu.
- Dans les Hold'em Pokers, les joueurs ont des cartes privatives fermées et donc cachées aux autres joueurs, et le reste du jeu est face visible (on dit « ouvert ») et commun.
- Dans les Stud Pokers, les cartes sont en partie ouvertes, mais chaque joueur possède des cartes privatives. Il n'y a pas de cartes communes.

On le voit tout de suite : tous ces paramètres changent largement la configuration des parties. Les informations dont on dispose sont sensiblement différentes. Par ailleurs, le nombre des cartes distribuées et le nombre de tours de mises peuvent varier considérablement.

LES DRAW POKERS

C'est l'ancienne forme du Poker à laquelle on jouait le plus souvent en France autrefois : si vous avez joué au Poker occasionnellement il y a une vingtaine d'années ou plus, c'est à ce jeu ! Mais les jeunes générations ne la connaissent plus guère : elle est maintenant détrônée par les formes du Hold'em.

Les débutants apprécient cette version du jeu : puisque vous disposez d'assez peu d'informations, vos adversaires n'en ont pas davantage et vous pouvez bluffer à loisir ! Mais évidemment la médaille a son revers et vous pouvez aussi facilement vous laisser abuser…

Au Draw, chaque joueur reçoit des cartes privatives que personne d'autre que lui ne voit. Il n'y a pas de cartes communes, aucune carte visible. Pour qu'il y ait stratégie, il faut qu'on puisse améliorer sa donne de départ : cette progression se fait en écartant des cartes qu'on juge inutiles et qu'on remplace par d'autres. Et donc le seul indice pour décrypter les jeux des adversaires, en dehors des notations psychologiques, est le nombre de cartes rejetées qui peuvent faire deviner les combinaisons qu'ils espèrent constituer, et la hauteur des enjeux. Mais attention au bluff !

Le fait que chacun puisse changer des cartes et qu'on en distribue finalement beaucoup fait que le nombre de joueurs à la table reste limité à 4 joueurs maximum.

C'est aussi dans cette famille de Poker que le nombre des tours d'enchères est le plus limité : souvent 2 tours, un avant l'écart et un après.

LES HOLD'EM POKERS

Ce sont les formes vedettes du Poker en ce moment, et en particulier la plus célèbre d'entre elles, le Texas Hold'em. La télévision l'a mis en valeur et la nouvelle génération de joueurs en général ne connaît qu'elle. La plupart des livres de stratégie ne traitent que de cette variante et c'est bien dommage car toutes les formes de Poker ont leur intérêt !

Dans cette famille de Poker, certaines cartes sont cachées et d'autres non, mais la grande particularité, c'est que celles qui sont ouvertes sont communes à tous les joueurs. Vos cartes privatives fermées sont très importantes.

Au départ, vous apprécierez sans doute les rebondissements des parties de Hold'em, mais si vous jouez avec des joueurs expérimentés, même avec de la veine, de l'audace, voire du culot, vous n'avez aucune chance de gagner ! Ce n'est pas un hasard si les compétitions organisées à la manière de compétitions sportives ont choisi le Hold'em pour faire s'affronter les champions, si ce sont toujours les mêmes qui se retrouvent en finale, s'ils sont presque tous d'abord des joueurs d'échecs ou de bridge, habitués aux évaluations à long terme, aux stratégies mûrement réfléchies, aux calculs de probabilités… Il faut de longues heures de vol pour commencer à entrevoir tous les paramètres à maîtriser pour devenir un solide joueur de Hold'em.

Au Hold'em, les tours d'enchères sont nombreux et les structures d'enchères variées : limitées (dans les Limit Hold'em ou les Pot Limit Hold'em) ou libres (dans les No Limit Hold'em).

Les deux versions les plus jouées et les plus importantes sont le Texas, évidemment, mais aussi l'Omaha. Ce sont celles que nous allons détailler dans les chapitres suivants.

LES STUD POKERS

Typiquement américains, les Stud Pokers sont très joués dans les casinos et tendent aujourd'hui à se répandre à travers le monde. Très stratégiques, ils demandent de la concentration et une bonne mémoire.

Au Stud, pas de cartes communes ! Chacun fait ses combinaisons avec son propre jeu et ne peut les combiner avec aucune autre. Mais une partie de vos cartes privatives est visible et cela change tout !

Pour chaque joueur, certaines cartes sont ouvertes et donnent donc un aperçu de la force, ou au moins du potentiel de chacun. Si vous êtes capable de mémoriser aussi au fur et à mesure les cartes des joueurs qui abandonnent et qu'on écarte, vous disposerez d'un atout non négligeable.

Les tours d'enchères sont nombreux et souvent fructueux… ou ruineux !

Sachez par ailleurs qu'il existe de multiples variantes, parfois spécifiques à un lieu où elles ont été adoptées : rien ne vous empêche de combiner plusieurs options pour vous fabriquer votre variante bien à vous et de lui donner un surnom rigolo ! Au Poker, l'imagination est reine.

QUELQUES VARIANTES DE DRAW POKER	QUELQUES VARIANTES DE HOLD'EM POKER	QUELQUES VARIANTES DE STUD POKER
5-Card Draw	Texas Hold'em	7-Card Stud
Le Draw à 32 cartes	Omaha High	7-Card Stud Hi-Lo
Le Draw à 54 cartes	Omaha Hi-Lo	5-Card Stud
Le Lowball	Crazy Pineapple	Razz
Le Jacks or better	Irish	Nullot
Chinese Poker	Double Flop Hold'em	Stud Lowball
Spit In The Ocean	Manila	English Stud

À CHEVAL

Ne soyez pas étonné si aux États-Unis on vous propose de jouer au **H.O.R.S.E.** dans certains casinos : il ne s'agit pas de rodéo ou d'équitation ! C'est une partie qui va mêler Hold'em et Stud. À chaque nouveau coup, vous changez de variante :

1. Texas **H**old'em
2. **O**maha
3. **R**azz
4. 7-Card **S**tud
5. 8 or b**e**tter Stud

(autre nom du 7-Card Stud Hi-Lo)

Une redoutable gymnastique de l'esprit…

Pour vos parties entre amis, vous pouvez adopter une version plus soft de ce principe, c'est ce qu'on appelle le *dealer's choice*. Cela consiste, à chaque coup, à laisser le choix au donneur de la version sur laquelle on va s'affronter ! Cela vous permet d'introduire de la variété sans avoir à maîtriser toutes les versions car vous pouvez vous entendre sur une alternance entre deux ou trois types de Poker, pas plus.

A
207

PARLER POKER

Dans l'argot des joueurs américains de Poker, qui ne manquent pas d'imagination, les cartes et les mains portent des surnoms souvent des plus amusants !

Nous avons choisi de vous en donner les explications pour certaines. Pour d'autres, elles tirent leur origine d'expressions un peu vulgaires et nous vous laissons donc le soin de les trouver par vous-même ! D'autres enfin sont tout à fait évidentes et ne méritent pas d'être développées…

Pour être vraiment dans le coup, il vous reste à intégrer quelques-unes de ces formules bien pensées avant votre prochain tournoi à Vegas, voire à en créer vous-même…

SURNOMS DONNÉS AUX CARTES

CARTE	SURNOM	EXPLICATION
A	Bullet	
	Rocket	
K	Cowboy	
Q	Lady	
	Girl	
	Mop Squeezer	
	Cowgirl	
J	Johnny	
	Jackal	
	Hook	À cause de la forme (crochet)
	Fishhook	À cause de la forme (hameçon)
10	Dime	Aux États-Unis, les pièces de 10 cents sont appelées *dime*
8	Snowman	À cause de la forme (bonhomme de neige)
	Ocho	De l'espagnol
7	Hockey Stick	À cause de la forme (crosse)
	Walking Stick	À cause de la forme (canne)
	Candy Cane	À cause de la forme (sucre d'orge)
5	Nickel	Aux États-Unis, les pièces de 5 cents sont appelées *nickel*
4	Sailboat	À cause de la forme (voilier)
3	Trey	
	Crab	À cause de la forme
2	Deuce	
	Duck	À cause de la forme (canard)

SURNOMS DONNÉS AUX MAINS DE CINQ CARTES

MAIN DE 5 CARTES	SURNOM	EXPLICATION
Quinte flush au 5	Steel wheel	
Carré	Book	
	Case	
	Quads	
Carré d'As	Four Pips	
	Full boat	
	Boat	
Couleur à ♥ ou à ♦	Pink	
	All Pink	
	All Red	
Couleur à ♣ ou à ♠	Blue	
	All Blue	
	All Black	
Couleur à ♣	Golf Bag	
	Puppy Feet	
	Puppy Toes	
	Pups	
Quinte à l'As	Broadway	
Quinte au 5	Roue	
	Wheel	
	Bicycle	
Brelan	Trips	
	Set	
Brelan de Rois	Three Wise Men	
Brelan de 7	Slot Machine	
Brelan de 6	Devil's hand	
	Mark of the Beast	
Brelan de 2	Huey, Dewey and Louie	Riri, Fifi et Loulou en anglais
Deux paires A♣A♠8♣8♠	Dead Man's Hand	C'est la main que possédait Wild Bill Hickok quand il fut abattu
Paire d'As	Aces and spaces	

SURNOMS DES MAINS DES CARTES PRIVATIVES DU TEXAS HOLD'EM

MAIN	SURNOM	EXPLICATION
A-A	Pocket Rockets	
	American Airlines	
	Bullets	
	Two Pips	
A-K	Big Slick	Au départ pour **A♠ K♠**, désigne maintenant toute main **A-K**
	Anna Kournikova	Ses initiales
A-Q	Little Slick	
	Big Chick	« grosse pépée »
A-J	Ajax	
	Blackjack	
	Jackass	
A-10	Johnny Moss	
A-8	Dead Man's Hand	
A-3	Baskin-Robbins	Baskin-Robbins, une marque de glaces très connue aux États-Unis, qui compte 31 parfums (3-1)
A-2	Acey-Deucey	
	Drinking Age	
K-K	Cowboys	
	Elvis Presley	« le King »
	King Kong	
	Ace Magnets	Parce qu'elle peut piéger les joueurs qui sont à tirage avec un As
K-Q	Mariage	
	Royalty	
K-Q dépareillé	Mariage Mixte	
K-Q assortis	Mariage Royal	
K♥-Q♥	Saint-Valentin	
K-J	Kojak	

MAIN	SURNOM	EXPLICATION
K-9	Canine	À prononcer en anglais « K-nine »
	Dog	
K-3	King Crab	
	Three Kings	
Q-Q	Cowgirls	
	Ladies	
	Siegfried and Roy	Du nom d'un très célèbre show de Las Vegas
Q-J	Maverick	
Q-10	Q-Tip	
Q-9	Quinine	À prononcer en anglais « Q-nine »
Q-8	Kuwait	À prononcer en anglais « Q-eight »
Q-7	Computer Hand	
Q-3	Gay Waiter	
Q♥-3♥	Flaming Gay Waiter	
J-J	Fishhooks	
	Hooks	
	Jokers	
J♣-9♣	T.J. Cloutier	T.J. Cloutier a fait trois quintes flushs en une seule année avec cette main de départ !
J-7	Jack Daniel's	Jack Old n° 7
J-5	Motown	
	Jackson Five	
J-4	Flat Tire	*Flat tire* veut dire « pneu crevé » et répond à la question « What's a jack for? » qui signifie en anglais : « À quoi sert un cric? »

MAIN	SURNOM	EXPLICATION
10-10	Boxcars	
	Dynamite	
10-2	Doyle Brunson	Doyle Brunson remporta le Main Event des WSOP deux années consécutives avec cette main de départ
	Texas Dolly	Texas Dolly est le surnom de Doyle Brunson
9-9	Wayne Gretzky	Le plus grand joueur de hockey sur glace. Il portait le numéro 99
9-8	Oldsmobile	
9-6	Dîner pour deux	
	Big Lick	
9-5	Dolly Parton	A chanté un morceau qui s'appelait 9 to 5
8-8	Bonshommes de neige	
7-7	Candy Canes	
7-2	The Hammer	Le marteau, une des pires mains du Hold'em
6-6	Route 66	Du nom de la fameuse route qui traverse tous les États-Unis
5-5	Speed Limit	La vitesse maximum autorisée sur de nombreuses routes américaines
5-2	Bomber	En rapport avec le B-52, la forteresse volante de l'armée américaine
4-9	San Francisco	L'équipe de football de la ville s'appelle les San Francisco 49ers
4-5	Jesse James	En rapport avec le colt 45 dont il se servait fréquemment
2-3	Jordan	C'était le numéro de Michael Jordan quand il jouait chez les Chicago Bulls (23)
2-2	Ducks	

Q
217

LEXIQUE

A

Abattage *(showdown)*
Action de montrer les jeux en fin d'enchères.

A-B-C player
Un joueur A-B-C est un joueur débutant, plutôt prévisible, sans imagination.

Ace
As en anglais.

Acolyte *(kicker)*
Carte la plus élevée n'entrant pas dans une combinaison.

Actif
Un joueur actif est un joueur qui peut encore gagner le pot (qui ne s'est pas couché).

Action
Action d'un joueur signifiant son intention : checker, miser, suivre, relancer ou passer.

Advertising
Publicité. On parle d'*advertising* quand on montre une façon de jouer différente de celle qu'on utilise habituellement. Par exemple, bluffer et perdre un coup dès le départ peut inciter vos adversaires à ne pas vous prendre au sérieux, et du coup, à ne pas se méfier de vous.

Affichage
Désigne les cartes communes (donc visibles) aux joueurs.

All-in
Synonyme de tapis.
Miser tous ses jetons dans les variantes en No Limit.

Annonce
Ce que dit le joueur lorsque c'est son tour d'enchères.

Ante
Faible mise d'entrée, avant de recevoir les cartes.

Appariées
Cartes de même valeur.

Arc-en-ciel
Trois cartes de couleurs différentes.

Arrangement
Proposition faite par un joueur à ses adversaires de partager le pot sans montrer les cartes. Se pratique surtout aux États-Unis et sur les tables finales de certains tournois.

Assorties
Des cartes sont dites assorties si elles sont de même couleur.

Assurance
Partage du pot entre les joueurs après un arrangement.

Aveugle
Jouer à l'aveugle signifie miser sans avoir vu ses cartes (fréquent au premier tour d'enchères).

B

Baby
Carte faisant partie d'une roue (A-2-3-4-5) en Poker *low*.

Backdoor
Se dit d'un tirage qui nécessite deux cartes pour l'améliorer après le *flop*. Par exemple, si vous avez J-J avant le *flop*, que le *flop* n'améliore pas votre main et que vous touchez finalement le carré de J au terme de la *river*, on dit que vous avez touché un carré *backdoor*.

Bad beat
Mauvais coup pour l'un des joueurs, battu par un jeu meilleur que le sien alors qu'il avait une main forte et qu'il avait misé en conséquence.

Bankroll
Votre *bankroll* est votre stock, votre capital de jetons.

Bas
Désigne la combinaison la plus basse pour les variantes High-Low.

Bateau
Ce terme désigne une combinaison qui utilise cinq cartes (quinte, couleur, full).

Bet
Ouverture (première mise du tour d'enchères).

Betting limits
Limites d'enchères. Surtout utilisées au Hold'em. Sur une table dont les *betting limits* sont de 50/100, les joueurs peuvent enchérir par tranches de 50 dans les premiers tours d'enchères et par tranches de 100 dans les derniers.

Betting round
Tour d'enchères.

Bicycle
Ou roue en français. Meilleure main au Lowball (A-2-3-4-5).

Big blind (BB)
Surblind, mise obligatoire de l'un des joueurs pour obtenir des cartes.

Big slick
Combinaison A-K au Texas Hold'em.

Blanche
Carte sans intérêt.

Blind
Elle peut être petite (*small blind*) ou grande (*big blind*). C'est une somme d'argent engagée par certains joueurs avant même que les cartes soient

distribuées. Par extension, cela désigne également la place que ces joueurs occupent.

Bluff
Ensemble des techniques employées pour tromper ses adversaires sur la valeur de son jeu.

Board
Ensemble des cartes communes (tableau) dans les variantes de Hold'em amenées par le *flop*, le *turn* et la *river*.

Bombe
Main très forte avant le *flop*. Après le *flop*, une bombe désigne aussi une main avec de nombreux *outs*.

Bouton
Jeton sans valeur qui matérialise la position du donneur. À chaque tour, le bouton se déplace. Le joueur au bouton parle en dernier et celui assis à sa gauche en premier.

Brèche
Espace entre deux cartes. Par exemple J-K.

Brelan
Main de Poker constituée de trois cartes de même valeur.

Bulle
Première place non payée dans les tournois. La moins bonne place payée est juste au dessus.

Bullet
Paire d'As.

Burn *(brûler)*
La première carte du paquet est celle qui est la plus facile à classer à l'insu des joueurs. C'est pourquoi, pour éviter les manipulations malhonnêtes, il est d'usage de la retirer (brûler) avant chaque phase de distribution.

Buy-in
Cave. Le *buy-in* sert à désigner la hauteur des enchères à une table. Plus il est élevé, plus on joue gros. Il peut aussi désigner le droit d'entrée dans un tournoi.

C

Cagoulé *(tilt)*
Un joueur « cagoulé » est un joueur qui craque mentalement. Il a perdu ses repères et ne joue plus avec raison.

Call
Signifie suivre. Action de payer la somme exigée par l'ouvreur ou relanceur.

Call down
Action de suivre jusqu'au bout quelles que soient les mises de l'adversaire.

Calling station
Désigne un joueur qui participe à tous les coups et suit toutes les mises, quelle que soit sa main.

Cap
Dans les variantes de Poker Limit, le cap est le nombre maximum de relances possibles.

Caribbean Stud
Poker joué dans les casinos sur une table ressemblant à celle du black jack. Aucune relance, aucun bluff ne sont permis dans cette variante de Poker.

Carré
Combinaison de quatre cartes de même valeur, également appelée Poker.

Carte améliorante
Une carte améliorante (*out*) est une carte qui améliore votre main.

Carte fermée *(hole card, down card)*
Carte non visible, détenue par l'un des joueurs.

Carte gratuite
Une carte gratuite est une carte qui apparaît après que les joueurs ont checké. Aucun joueur n'a payé pour l'obtenir.

Carte isolée
Main faible dont la valeur est égale à la plus forte carte.

Carte ouverte *(upcard)*
Carte visible.

Carte quelconque
Carte qui n'intervient pas dans l'amélioration de la main.

Cartes communes
Cartes faisant partie du tableau et utilisés par tous les joueurs pour constituer leur main.

Cartes connectées
Main de Texas constituée de deux cartes consécutives de même couleur.

Cartes consécutives
Se dit de cartes dont la valeur est consécutive. Exemple : 5-6-7.

Cash games
Parties où l'on joue de l'argent.

Cave
Désigne les droits d'entrée à un tournoi. Représente également la quantité de jetons formant votre tapis.

Chasser
Forcer ses adversaires à quitter le coup par de fortes relances.

Check
Parole (aucune mise rajoutée). Cette action n'est possible qu'à une seule condition : qu'il n'y ait pas eu d'ouverture.

Check-raise
Action de passer pour rassurer son adversaire, qui, s'il relance, sera relancé à son tour. Véritable embuscade psychologique.

Chip
Jeton.

Choix du donneur
Partie où le donneur décide de la variante employée pour le coup où il distribue. En anglais *dealer's choice*.

Cinquième Avenue
Dernier tour d'enchères au Texas Hold'em.

Club
Trèfle en anglais.

Coller
Action de suivre plusieurs relances successives.

Compléter la mise
Action de payer la différence entre la mise de base et la mise forcée.

Compléter le tirage
Action de trouver la carte désirée sur un tirage.

Connectors
Deux cartes qui se suivent, 5 et 6 par exemple.

Contrat
Engagement sur une des trois options (*high*, *low* ou *high-low*) avant le tirage au Poker High-Low Split.

Cote *(odd)*
Probabilité qu'un événement se produise ou pas.

Cote implicite
Montant maximum que vous êtes prêt à mettre pour tenter d'améliorer votre combinaison.

Coucher (se)
Action de ne pas suivre la relance d'un adversaire, abandon du coup.

Couleur
1. Combinaison de cinq cartes de même couleur.
2. Signe des cartes (pique, cœur, carreau et trèfle).

Coup
Unité de jeu partant des mises initiales (*antes* ou *blinds*) jusqu'à l'attribution du pot au(x) gagnant(s).

Coup blanc
Coup n'entraînant aucune enchère.

Coup multiple
Coup réunissant au moins 3 joueurs après le premier tour d'enchères.

D

Dealer
Le *dealer* est le donneur, celui qui distribue les cartes.

Décavé
Un joueur décavé est un joueur qui a tout perdu.

Décave *(freeze out)*
Jouer la décave, c'est jouer son tapis sans pouvoir le renouveler. Quand vous n'avez plus de jetons, vous sortez du jeu.

Décrypter
Observer l'adversaire et tirer des conclusions sur la valeur de sa main.

Dépareillé
Deux cartes dépareillées sont des cartes de couleurs différentes.

Diamond
Carreau en anglais.

Donne
Distribution des cartes qui s'effectue dans le sens des aiguilles d'une montre.

Donner de l'air
Un joueur donne de l'air s'il passe ou relance faiblement malgré une très bonne main pour espérer accrocher un adversaire plus tard dans le coup.

Door card
Désigne la première carte ouverte au 7-Card Stud.

Dotation
Se dit de l'ensemble de l'argent en jeu dans un tournoi.

Double paire
Combinaison de deux paires de cartes identiques.

Doublette
Une doublette est une paire visible, présente dans le *board*.

Down card
Carte fermée.

Draw
1. Tirage.
2. Variante de Poker sans cartes visibles.

Drawing dead
Main qui ne remportera pas le pot même si elle s'améliore par d'autres cartes.

Droit de table
Droit à payer par les joueurs, renouvelable toutes les heures de jeu.

Droit d'entrée
Montant à payer pour participer à un tournoi.

E

Early position *(début de parole)*
Ce terme désigne les joueurs qui vont parler en premier lors des tours d'enchères. Ce sont les 3 joueurs assis à gauche du bouton.

Écart
En Poker fermé, rejet des cartes pour en recevoir d'autres.

Éléphant
Joueur qui joue trop de coups et suit trop d'ouvertures.

Enchère
Mise faite par le joueur.

Engraisser un pot
Action de relancer souvent et beaucoup.

EPT *(European Poker Tour)*
L'un des trois grands circuits mondiaux de Poker.

F

Family Pot
Coup dans lequel tous les joueurs de la table sont impliqués.

Figure *(face card)*
Se dit des cartes Valet, Dame et Roi, quelle qu'en soit la couleur.

Filer
Action de regarder ses cartes avec précaution (pour que les adversaires ne puissent les voir).

Flat call
Faire un *flat call*, c'est suivre alors qu'il faudrait relancer.

Flop
Se dit des trois premières cartes du tableau qui arrivent ensemble au Texas Hold'em et à l'Omaha.

Flush
Terme anglais pour couleur. Un quinte flush est une suite de même couleur.

Fold *(passer)*
À son tour de parole, jeter son jeu et renoncer ainsi à continuer le coup.

Four of a kind
Terme anglais pour désigner le carré.

Free ride
Coup blanc. Coup n'ayant pas causé l'affrontement des joueurs.

Freeroll
Tournoi dont l'inscription est gratuite mais qui rapporte un peu d'argent aux meilleurs joueurs. Peu utilisés par les professionnels, car longs et peu rémunérateurs.

Fuite en avant
Tenter d'obtenir la main gagnante sur la dernière carte alors que le joueur a une main très faible sans cette carte.

Full ou full house
Main de Poker composée d'une paire et d'un brelan.

G

Gamble
Parier en anglais. Un *gambler* est un joueur qui compte sur la chance pour gagner.

Game
Jeu, partie.

H

Hand
Main, ensemble des cinq cartes constituant la combinaison du joueur.

Heads-up
Tête à tête. Partie où il ne reste que 2 joueurs.

Heart
Cœur en anglais.

High card
Carte haute. C'est la plus forte carte quand vous n'avez formé aucune combinaison.

High-Low Split
Variante de Poker répartissant le pot final entre la main la plus forte et la main la plus faible.

Hold'em
Type de Poker avec des cartes visibles et communes à tous les joueurs.

Hole card
Vos cartes cachées. Aussi appelées *pocket cards*. Cartes privatives.

H.O.R.S.E.
Partie de Poker utilisant cinq variantes différentes à tour de rôle (Texas, Omaha, Razz, 7-Card Stud et Stud Hi-Lo).

Hot
Joueur chanceux.

I

Isoler
Relance d'un joueur dans le but d'éliminer les joueurs n'ayant pour l'instant pas de main intéressante.

J

Jack
Valet en anglais. Aussi appelé *Johnny*.

Jeton
Unité de mise.

Jeu max
Plus haute main possible. Jeu imbattable.

Joker *(wild card)*
Carte de remplacement capable de compléter une main par la carte de son choix.

K

Kicker
Plus forte carte accompagnant une combinaison sans en faire partie. C'est la carte qui départage les combinaisons identiques.

Kicker trouble
Défaite liée au *kicker*.

King
Roi en anglais.

L

Large *(loose)*
Joueur qui joue beaucoup de mains, même des mains très moyennes.

Late position *(fin de parole)*
Ce sont les places occupées par les 3 joueurs qui parlent en dernier à chaque tour d'enchères.

Lay down
Jeter sa main.

Limit
Variante de Poker où les mises sont limitées à l'avance selon le tour d'enchères.

Limp-in
Action de suivre la *surblind*.

Live *(actif)*
Un joueur live est un joueur toujours impliqué dans le coup.

Low ou Lo
Variantes de Poker dans lesquelles ce sont les jeux les plus faibles qui emportent le pot.

M

Main
Désigne les cinq cartes d'un joueur.

Mains majoritaires
Mains considérées jouables au Texas Hold'em (paires, As plus une carte quelconque ou deux figures assorties).

Main pleine
Combinaison d'un brelan et d'une paire. Appelée également full ou full house.

Maniaque
Joueur qui relance excessivement.

Maquiller
Au Poker fermé, action de garder une carte de plus que nécessaire au moment de l'écart pour induire son adversaire en erreur.

Marié
Un joueur marié à sa main est un joueur qui ne jettera pas son jeu et qui suivra jusqu'au tapis si nécessaire.

Max *(nuts)*
Un joueur max est un joueur qui possède le jeu le plus élevé dans les combinaisons possibles après la découverte du tableau.

Mélange à l'effeuillage
Mélange de cartes en imbriquant deux tas l'un dans l'autre.

Mélange en coupes
Mélange de cartes en effectuant des petits tas que l'on recouvre par d'autre tas de cartes.

Mise *(stake)*
Quantité de jetons (ou d'argent) jouée par un joueur.

Mise de base
Plus petite mise autorisée.

Monstre
Main pratiquement imbattable.

Muck
Jeter son jeu sans le montrer.

N

No Limit
Variante de Poker où les mises ne sont pas limitées.

Nullot
Variante 5-Card Stud dans lequel le jeu le plus faible emporte le pot.

O

Odd *(cote)*
Probabilité qu'un événement se produise ou non.

Offsuit
Dépareillé. Cartes qui ne sont pas de la même couleur.

Omaha Hold'em
Variante de Poker où chaque joueur reçoit quatre cartes et forme sa combinaison avec seulement deux de ces quatre cartes et trois cartes du tableau.

Omaha High-Low
Variante de l'Omaha où la plus forte main et la plus faible main se partagent le pot.

Outs
Les *outs* sont les cartes encore à venir et susceptibles d'améliorer votre main.

Ouverture *(bet)*
Première mise d'un tour d'enchères.

Ouverture forcée
Ouverture obligatoire pour le joueur ayant la plus petite carte visible au Stud (la plus grande pour le Low Stud).

Ouvreur
Joueur qui fait la première mise du tour d'enchères.

Overblind
Mise non obligatoire effectuée par le joueur à gauche du joueur qui *surblinde* pour parler en dernier. Equivalent au double de la valeur du *surblind*.

Overcard
Carte du tableau susceptible d'apporter une paire supérieure à la vôtre.

Overpair
Paire fermée supérieure à la plus forte paire possible sur un tableau.

P

Paire *(pair)*
Combinaison de deux cartes de même valeur.

Paire fermée
Paire détenue par l'un des joueurs et dont aucune des deux cartes n'est commune.

Paire splittée
Paire constituée d'une carte ouverte (sur le tableau) et d'une carte fermée.

Parler
Annoncer (verbalement ou non) son intention (mise, suit ou se couche).

Parole
Synonyme de *check*. Suivre sans miser. Possible si personne n'a ouvert les mises.

Partage
Attribution du pot à plusieurs joueurs soit par arrangement, soit par mains équivalentes ou encore aux variantes Hi-Lo.

Partie privée
Partie entre amis à enjeux modérés.

Passer
Action de jeter ses cartes, signifie que le joueur abandonne le coup.

Pocket card
Cartes fermées d'un joueur.

Pointure
Abattage de deux jeux très proches.

Poker d'As
Poker se jouant avec des dés spéciaux.

Pot
1. Total des mises effectuées par les joueurs.
2. Mise obligatoire avant la donne au Poker fermé.

Pot limit
Variante de Poker où la mise maximum est équivalente à la valeur du pot.

Pot extérieur
Second pot d'un même coup auquel au moins un joueur en course ne participe pas car celui-ci a poussé son tapis.

Poubelle
Très mauvaise main.

Pousser son tapis
Action de miser l'ensemble de ses jetons.

Pousseur
Joueur qui mise beaucoup et qui n'a pas peur de se mettre *all-in*.

Prélèvement
Taxe prélevée sur le montant final du pot par l'organisateur du jeu (dans les clubs et les casinos).

Protéger sa main
Obliger, par une relance importante, les adversaires n'ayant pas de jeu à se coucher.

Publicité

Faire de la publicité c'est jouer dans le but de montrer une manière de jouer différente de ses habitudes pour induire l'adversaire en erreur. Par exemple, au début un joueur joue large (il suit avec un petit jeu) et il resserre son jeu par la suite (lorsque ses adversaires ne le prennent plus au sérieux).

Q

Queen

Dame en anglais.

Quinte

Combinaison de cinq cartes consécutives. Appelée également suite.

Quinte blanche

Plus faible quinte possible (A-2-3-4-5). Aussi appelée *roue* ou *bicycle*.

Quinte flush

Combinaison d'une quinte et d'une couleur, plus haute main du Poker ; seule une autre quinte flush se terminant par une carte plus forte peut la battre (rarement possible).

Quinte royale

Combinaison d'une quinte se terminant à l'As et d'une couleur : 10♦-J♦-Q♦-K♦-A♦, par exemple. Main imbattable sauf aux variantes de Poker Low.

R

Rack

Petite boîte pouvant contenir 100 jetons.

Rag

Carte inférieure à huit.

Ragged flop

Flop ne contenant que des cartes inférieures à huit.

Rainbow

1. Tableau composé de couleurs différentes et ne permettant pas de faire une couleur.
2. Main au Poker fermé composée des quatre couleurs.

Raise

Relancer. Action de miser plus que les mises des adversaires.

Razz

Variante de Poker correspondant au 7-Card Stud.

Recave *(re-buy)*

Rachat de jetons. N'est possible qu'entre deux coups.

Relancer

Renchérir sur la mise d'un adversaire.

Relanceur

Joueur qui relance souvent ses adversaires.

Représenter
Jouer en faisant passer un message. Par exemple, au Texas, relancer sur la troisième carte de même couleur pour signifier que l'on a une couleur.

Retarder
Attendre pour relancer dans le but d'accrocher un maximum de joueurs.

River
Cinquième et dernière carte du *board*.

Rock
Un rock est un joueur serré qui ne joue que des mains très fortes.

Roue *(wheel)*
Plus faible quinte possible (A-2-3-4-5).

Rounder
Personne qui vit des cartes, joueur professionnel.

Rush
Gagner plusieurs mains de suite. Il faut savoir tirer parti de ses périodes de *rush*.

S

Satellite
Tournoi qualificatif pour un tournoi plus important.

Scare card
Carte susceptible d'améliorer la main de l'adversaire.

Scoop
Dans les variantes de partage du pot (Hi-Lo), faire le scoop, c'est avoir à la fois la plus forte main et la plus faible et remporter ainsi la totalité du pot.

Scotché
Un joueur scotché à son jeu est un joueur qui n'arrive pas à se coucher.

Second Best
Être *second best*, c'est avoir la deuxième meilleure main possible selon le tableau. Par exemple sur 6-6-J-2-6, la main max est celle qui contient le dernier 6 (avec une carte quelconque), le *second best* est celui qui détient en main J-J.

Semi-bluff
Relance avec une main qui n'est pas la meilleure, mais qui est susceptible de s'améliorer par la suite.

Septième Avenue
Dernière tournée d'enchères au 7-Card Stud.

Serré *(tight)*
1. Manière de jouer d'un joueur prudent.
2. Partie dont le niveau des joueurs est équivalent.

Serrure
Qualificatif d'un joueur très prudent.

Servi
Au Poker fermé, un joueur servi est un joueur qui ne veut pas échanger ses cartes et qui renonce à l'écart.

Short handed
Partie à 5 joueurs maximum.

Short stack
Le joueur *short stack* est un joueur qui a peu de jetons devant lui (moins de dix fois le montant de la grosse blind).

Showdown
Abattage des cartes en fin d'enchères.

Shuffle up and Deal
Mélangez et distribuez ! C'est la phrase rituelle qui ouvre une partie de Poker.

Side pot
Pot extérieur. Quand un joueur avec un petit tapis fait *all-in*, les autres joueurs peuvent continuer à miser plus que le montant de ce tapis. Dans ce cas, ils créent un Side Pot auquel le joueur *all-in* ne peut pas prétendre.

Sixième Avenue
Avant-dernière tournée d'enchères au 7-Card Stud.

Slow-play
Type de bluff pour cacher un jeu très fort. Il consiste à laisser les adversaires en course en misant peu, voire pas du tout, pour leur permettre de toucher un jeu susceptible de suivre de futures relances beaucoup plus importantes.

Small Blind (SM)
Petite *blind*, petite mise obligatoire pour l'un des joueurs avant de recevoir ses cartes.

Solide
1. Main très forte.
2. Joueur agressif sur les mains qui valent la peine.

Spade
Pique en anglais.

Splitté
Combinaison partagée par le tableau et les cartes fermées du joueur.

Stack
Tapis ou cave. C'est le capital de jetons de chaque joueur.

Steal the blind
Voler les *blinds*. Emporter le pot avant le *flop*, grâce à une relance qui fait sortir tous les autres joueurs.

Steal the pot
Voler le pot. Arracher le pot grâce à une grosse relance alors qu'on n'a pas le meilleur jeu.

Straddle
Relancer sans avoir vu ses cartes.

Straight
Quinte en anglais (suite de cinq cartes).

Straight flush
Quinte flush en anglais : suite de cinq cartes assorties.

Strip Poker
Variante de Poker où le perdant retire un vêtement.

Stud à 5 cartes

Variante de Poker, aussi appelée Kid et 5-Card Stud, où trois des cinq cartes des joueurs sont visibles.

Stud à 7 cartes

Variante de Poker où quatre des sept cartes sont visibles. Le joueur forme sa meilleure combinaison de cinq cartes parmi ses sept cartes.

Stud

Famille de Poker ouvert sans cartes communes.

Stud High-Low *(ou Hi-Lo)*

Variante de Stud Poker où la plus forte main et la plus faible se partagent le pot.

Suite

Combinaison de cinq cartes consécutives. Appelée aussi quinte.

Suited

Assorties. Deux cartes de même couleur.

Suited connectors

Deux cartes assorties et qui se suivent, J♦ et Q♦ par exemple.

Suiveur

Joueur qui suit souvent les relances.

Suivre

Action de miser l'équivalent de la plus forte relance du tour d'enchères (obligatoire pour continuer à jouer).

Surblind

Mise obligatoire de l'un des joueurs pour avoir des cartes.

Sur-jouer

Ouvrir ou relancer avec une main qui n'en vaut pas la peine. Utilisé pour faire de la publicité.

Sur-relancer

Relancer une surenchère.

T

Tableau *(board)*

Le tableau est l'ensemble des cartes communes (uniquement au Texas et Omaha). On parle aussi d'affichage.

Tapis

1. Ensemble des jetons d'un joueur.
2. Annonce du joueur qui mise la totalité de ses jetons (*all-in*).

Tarot

Dos d'une carte (côté commun).

Tell

Ensemble des tics, des signaux, des habitudes que vous percevez chez les autres joueurs et qui vous donnent des indications sur la hauteur de leur main.

Terminer dans les points
Dans un tournoi, terminer dans les points, c'est se qualifier parmi les places payées.

Tête-à-tête *(heads-up)*
Partie de Poker où il ne reste que 2 joueurs.

Texas Hold'em
Variante de Poker avec cinq cartes communes et deux cartes fermées par joueur. Type de Poker le plus courant.

Three of a kind
Terme anglais pour désigner un brelan.

Tilt
Jouer de manière incorrecte par contrariété.

Tirage
Au Texas Hold'em, une main à tirage est une main qui nécessite une carte pour être améliorée. On parle de tirage couleur par exemple, pour une main qui comporte déjà quatre cartes de la même couleur après le *flop*.

Tirage *backdoor*
Tirage nécessitant deux cartes pour obtenir une combinaison intéressante.

Tirage par le ventre
Tirage susceptible d'apporter la carte nécessaire à la constitution d'une quinte, mais cette carte se situe entre deux cartes que le joueur possède. Par exemple, le joueur a au Draw 8-9-J-Q et une carte quelconque. Il attend un 10 en remplacement de son écart pour constituer une quinte.

Tirage par les deux bouts (ou bilatéral)
Quinte incomplète qui peut être obtenue soit par la carte basse, soit par la carte haute. Si vous avez 4-5-6-7, vous avez un tirage par les deux bouts : un 3 ou un 8 peuvent vous apporter cette combinaison. Pour attendre un tirage par les deux bouts, il faut avoir quatre cartes consécutives centrales.

Tour de donne
Action de distribution de carte(s) aux joueurs, comprise entre deux tours d'enchères.

Tour d'enchères
Ensemble des mises des joueurs comprises entre l'ouverture et la dernière enchère.

Turn
Quatrième carte du *board*.

U

Undercard
Une *undercard* est une carte que vous possédez et qui est inférieure à une combinaison donnée. Si par exemple votre adversaire à une paire de 8 et que vous avez 6-7, vous avez deux *undercards*.

Under the gun *(UTG)*
Joueur qui parle en premier lors du tour d'enchères. Il est situé à gauche du *surblindeur*.

Underpair
Paire fermée inférieure à la plus petite paire possible d'un tableau.

Upcard
Carte ouverte (visible).

V

Value Bet
Enchère stratégique lorsque vous anticipez l'arrivée d'une carte améliorante. Par exemple au Texas, vous avez deux trèfles et le *flop* en apporte deux autres. Vous pouvez commencer à miser sans être certain d'avoir à nouveau un trèfle (mais c'est probable).

Vegas
1. Capitale mondiale du jeu.
2. Autre nom du Texas Hold'em.

Verrouillé
Au Stud, un jeu verrouillé est un jeu dont le tableau montre que le joueur perd quelles que soient ses cartes fermées.

Vidéo Poker
Poker sur vidéo où l'on change une fois ses cartes pour améliorer sa main. D'après la main obtenue, on remporte ou non un prix défini pour chaque main.

Voler le pot
Remporter le pot en ayant fortement relancé et fait peur à un joueur qui avait une main gagnante.

Voler les blinds
Relancer fortement lorsqu'on parle en dernier sur le premier tour d'enchères et qu'aucun joueur ne suit.

W

Wheel *(roue)*
Plus petite quinte possible : A-2-3-4-5.

Wild card
Carte qui peut remplacer n'importe quelle autre (comme des Jokers), définie à l'avance par les joueurs. Par exemple, si les 2 sont *wild*, alors les 2 remplacent n'importe quelle carte.

Wired pair
Au Texas Hold'em, une paire fermée.

WPT *(World Poker Tour)*
Circuit international des plus prestigieux tournois de Poker.

WSOP *(World Series of Poker)*
Championnat du monde de Poker organisé à Las Vegas.

INDEX

CRÉDITS PHOTOS

akg-images

© akg-images : pp. 16-17, 24-25, 50-51, 54-55 ■ © akg-images/Album : pp. 115, 118, 121, 125 ■ © akg-images/Album/COLUMBIA/FAMOUS ARTISTS : p. 104 ■ © akg-images/Album/M.G.M. : p. 107 ■ © akg-images/Album/Universal International : p. 110 ■ © akg-images/Album/Universal Pictures : p. 99 ■ © akg-images/ullstein bild : pp. 34-35 ■ © akg-images/Universal Images Group/Lake County Discovery Museum : pp. 42-43 ■ © akg-images/Universal Images Group/Underwood Archives : pp. 30-31, 46-47

Fotolia

© Blackboard1965/Fotolia : couverture, p. 65 ■ © Pirsik12/Fotolia : couverture, p. 11

Istockphoto

© audreynoltepainter/Istock. : p. 71 ■ © bluebeat76/Istock. : pp. 7, 160, 181 ■ © slearmonth2/Istock. : p. 60 ■ © 4FR/Istock. : pp. 154-155

Shutterstock

© Africa Studio/Shutterstock : pp. 156, 193 ■ © Andrei Pop/Shutterstock : p. 209 ■ © andrewvec/Shutterstock : pp. 82-83, 240 ■ © Arena Photo UK/Shutterstock : pp. 90-91 ■ © Bashutskyy/Shutterstock : p. 176 ■ © Beto Chagas/Shutterstock : p. 224 ■ © Darren415/Shutterstock : p. 212 ■ © fiphoto/Shutterstock : pp. 188-189 ■ © Kenishirotie/Shutterstock : p. 67 ■ © Kiko Jimenez/Shutterstock : pp. 78-79 ■ © Kucher Serhii/Shutterstock : pp. 4, 185 ■ © Mark52/Shutterstock : p. 202 ■ © nazarovsergey/Shutterstock : pp. 164-165, 199, 233 ■ © RiccardoLoBuglio/Shutterstock : p. 63 ■ © ryabuha kateryna/Shutterstock : p. 227 ■ © Sia-James/Shutterstock : p. 49 ■ © Stokkete/Shutterstock : p. 87 ■ © sumire8/Shutterstock : p. 187 ■ © Syda Productions/Shutterstock : pp. 174, 183 ■ © xavalote/Shutterstock : p. 163